Bernhard Rippe

Psychotherapeutische Konzepte und Foto - Markierungen

Bernhard Rippe

Psychotherapeutische Konzepte und Foto - Markierungen

Und immer wieder Bilder

Trainerverlag

Imprint
Any brand names and product names mentioned in this book are subject to trademark, brand or patent protection and are trademarks or registered trademarks of their respective holders. The use of brand names, product names, common names, trade names, product descriptions etc. even without a particular marking in this work is in no way to be construed to mean that such names may be regarded as unrestricted in respect of trademark and brand protection legislation and could thus be used by anyone.

Cover image: www.ingimage.com

Publisher:
Der Trainerverlag
is a trademark of
Dodo Books Indian Ocean Ltd. and OmniScriptum S.R.L publishing group

120 High Road, East Finchley, London, N2 9ED, United Kingdom
Str. Armeneasca 28/1, office 1, Chisinau MD-2012, Republic of Moldova, Europe
Printed at: see last page
ISBN: 978-620-2-49492-2

Bernhard Rippe

Psychotherapeutische Konzepte und Foto-Markierungen – Und immer wieder Bilder

Einleitung

Eine große Zahl von meist begrenzten Projekten hat mich eigentlich während der ganzen Praxistätigkeit begleitet. Meistens habe ich sie als Bereicherung und Ausgleich erlebt. Zugegeben, einige Male habe ich mich vertan und Begrenzungen nur mühsam eingehalten (z. B. bei einer Dissertationsschrift, die einige Jahre zu lange dauerte, oder auch als Co-Autor bei einem Buch über „Stress", das ebenfalls ein großer „Brocken" war).

Besonders interessant und über 30 Jahre anhaltend war die assoziative Arbeit mit Bildern und Fotos – eine Möglichkeit für mich, neben dem Nachdenken und Interpretieren, eine zusätzliche Erlebensebene zu explorieren.

Als ich ein älteres Projekt mit Fotoassoziationen veränderte, entwickelte sich langsam die Planung, auch einige andere Arbeiten der Vergangenheit mit Fotos zu ergänzen. Bei dieser Vorbereitung stellte ich fest, dass ich bereits früher kleine Fotosammlungen aufbewahrt hatte, so als ob bereits eine Idee im Hintergrund Platz suchte. Beim Start allerdings drängte sich die Frage ganz nach vorn, wie ich eigentlich zu der Auswahl meiner Bilder gekommen bin.

Gesammelt habe ich meistens aus Fotodatenbanken, die Zahl der durchgesehenen Bilder kann ich kaum schätzen, die „engere Wahl" lag bei 400. Warum sind es gerade diese geworden, die eine „Existenz" für mich gefunden haben, warum nicht andere? Und warum habe ich nur einen Teil in meinen Projekten verarbeitet?
Die Suche nach den Hintergründen begann mit einem schmerzhaften Stich. Beunruhigend und spannend waren in meiner Erinnerung aus der Nachkriegszeit die vielen Fotos der toten Soldaten in den Wohnzimmern ihrer Familien und die Tatsache, dass sich einige Fotos – bewusst abrufbar – deutlich in meiner Erinnerung befanden. Häufig war es wohl der Blick und der Gesichtsausdruck, der unausweichlich die damalige Lebendigkeit zeigte. Aber ich weiß es nicht genau.

Hilfreich war ein kleines Buch von Barthes (2019), das die Recherche über meine Fotosammlung begleitet hat und einige Fragen für mich vertiefen konnte. Zentrale Begriffe des Essays von Barthes sind die Konzepte *studium* und *punctum*. Er unterscheidet damit zwei Wirkungsweisen der Fotos, die ich hier als neugieriges Interesse und sinnliches Getroffensein verkürze (auch die Unterscheidung zwischen *to like* und *to love* taucht auf).
Zu dieser besonderen subjektiven Auswahl versuche ich nun einige Gedanken beizutragen, indem ich die Fotos und persönlich geprägtes psychotherapeutisches Denken miteinander verbinde und zur Anregung und Kritik anbiete.

1. Die vielleicht „wichtigsten" Fotos

In meiner psychotherapeutischen Praxis hatten die zentralen Themen der Therapie eigentlich fast immer mit Wünschen und Enttäuschungen zu tun. Zwei Fotos standen für mich im Mittelpunkt. Eine Fülle von Gefühlen und Gedanken waren sofort präsent, sowohl bezogen auf die Kategorie *studium* als auch zum *punctum*.

Inhalt

Sabphoto/Shutterstock.com

- Das Foto erzählt über vorausgegangene Wünsche und Enttäuschungen.
- Sind diese Gefühle auf andere gerichtet oder meint der junge Mann seine Enttäuschung über sich selbst?
- Um welche Gefühle geht es genau? Angst, Trauer, Wut und Beschämung kommen zum Beispiel infrage, in einer Mischung, einem Prozess, einem Energiewechsel.
- Gibt es Modellszenen oder Triggerverläufe aus der Kindheit?
- Kommt es zu einer Unterdrückung, einer Symptombildung, einer Aktion.

simon-launay/Unsplash.com

- Bereits das einsame Kind erzählt sich viele Geschichten über Grandiosität und Verletzlichkeit.
- Sie können eine Zeit lang eine Sinngebung und ein Schutz sein und ein Gefühl der Selbststabilität etwas festigen.
- Die reale Beziehungserfahrung hilft, die Wünsche und Enttäuschungen zu erkennen.
- Dazu muss nicht die „Wunschwelt" zerstört werden.
- Sie kann einen Platz im lebendigen inneren Dialog behalten.

1. Die existentiellen Ängste: Sind sie die primären Themen der Psychotherapie?

Yalom schreibt in seinen Büchern (1989, 1990) über die „vier letzten Dinge", Tod, Freiheit, Isolation und Sinnlosigkeit. Die ihnen zugehörigen Existenzängste hält er für das primäre Thema der Psychotherapie. Ich bin überzeugt, dass die große Mehrheit der erfahrenen Psychoanalytiker dieser Verdichtung und ihrer therapeutischen Bedeutung zustimmen wird, obwohl die Psychoanalyse andere Psychodynamiken in den Vordergrund stellt (z. B. die Triebdynamik, das Selbst, das Überich und die Objektbeziehung). Dabei spielen in jedem Therapieprozess zwei zentrale Gesichtspunkte eine besondere Rolle: die Bearbeitung der enttäuschten Gefühle und die Stabilität des Selbst. Auf der einen Seite fördert eine psychoanalytische Therapie den Differenzierungsprozess zwischen den möglichen Veränderungen und den unbewegbaren Grenzen. Andererseits ist in jeder Therapie besonders zu beachten und mit Einfühlung zu schützen, mit welchen Abwehrmechanismen und Sublimierungen der jeweils Einzelne das „gemeine Unglück" und die unlösbaren existentiellen Fragen zu integrieren versucht. Hier geht es nicht nur um die Frage der Desillusionierung, sondern auch um den individuellen Schutz, den Trost und um die Möglichkeiten der Selbststärkung. Dieser Rahmen der therapeutischen Arbeit erfordert „einen Blick auf das Schlimmste" und eine prozesshafte Veränderung des Selbstbildes, die sich wohltuend auf das Lebensgefühl auswirkt. Wie kann man sich ein solches Zusammentreffen von schmerzhafter und heilsamer Auseinandersetzung überhaupt vorstellen? Mit dieser Frage beschäftigten sich alle folgenden Überlegungen. Zentral dabei ist der Versuch, die existentiellen Ängste – und auch andere Konflikte – nicht mit Resignation zu beantworten oder zu verleugnen, sondern zu sehen und zu entwickeln, mit welchen Bewältigungsversuchen sie teilweise beantwortet werden können.

In der Sprache Yaloms werden die existentiellen Ängste immer in ähnlichem Wortlaut beschrieben:

Tod:

➔ Die offensichtlich am leichtesten zu verstehende letzte Angelegenheit ist der Tod. Wir existieren jetzt, aber eines Tages werden wir aufhören zu sein. Der Tod wird kommen und es gibt kein Entfliehen vor ihm. Es ist eine schreckliche Wahrheit und wir antworten auf sie mit tödlicher Panik. Alles, in Spinozas Worten, bemüht sich darum, auf seinem eigenen Dasein zu bestehen und ein existentieller Kernkonflikt ist die Spannung zwischen der Bewusstheit von der Unausweichlichkeit des Todes und dem Wunsch weiter zu existieren.

Freiheit:

➔ Ein anderes der letzten Dinge, ein weit weniger leicht zugängliches ist die Freiheit. Gewöhnlich halten wir die Freiheit für einen eindeutig positiven Begriff. Hat das menschlich Wesen sich nicht während der gesamten uns überlieferten Geschichte nach Freiheit gesehnt und danach gestrebt? Aber die Freiheit ist aus der Perspektive des letzten Grundes an Furcht gebunden. In ihrer existentiellen Bedeutung heißt Freiheit die Abwesenheit von äußeren Strukturen. Im Gegensatz zur alltäglichen Erfahrung betritt und verlässt das menschliche Wesen kein wohlgeordnetes Universum mit einem ihm innewohnenden Plan. Das Individuum hat vielmehr die völlige Verantwortung – im Sinne von Urheberschaft für seine oder ihre eigene Welt, Lebensentwurf, Entscheidungen und Handlungen. Freiheit in diesem Sinn hat eine erschreckende Bedeutung: sie bedeutet, dass es unter uns keinen Grund gibt – nichts, eine Leere, einen Abgrund. Der Zusammenprall zwischen unserer Begegnung mit der Grundlosigkeit und unserem Wunsch nach Grund und Struktur ist eine existentielle Schlüsseldynamik.

tim-mossholder/Unsplash.com

- Von daher sollte ein Therapeut sich auf ein ruhiges „Zuwarten" einstellen.
- Existentielle Fragen sind häufig im Hintergrund präsent (Tod, Freiheit, Isolation, Sinnlosigkeit).
- Sie zu finden geht nur über einen Prozess der Selbstwahrnehmung, der diese Gefühle und Themen besonders beachtet.
- Die Diskussion der tiefsten Gefühle sieht Angst und Wut ziemlich weit vorne.

Existentielle Isolation:

- ➔ Eine dritte letzte Angelegenheit ist die Isolation. Nicht die zwischenmenschliche Isolation mit der sie begleitenden Einsamkeit oder die interpersonale Isolation (Isolation von Teilen unserer selbst), sondern eine grundlegende Isolation sowohl von anderen Geschöpfen als auch von der Welt, die jede andere Isolation noch unterläuft. Ganz gleich wie nahe wir uns kommen können, es bleibt eine letzte unüberbrückbare Kluft: jeder von uns betritt seine Existenz allein und muss wieder allein von ihr scheiden. Der existentielle Konflikt ist daher die Spannung zwischen unserer Bewusstheit von unserer absoluten Isolation und unserem Wunsch nach Kontakt, nach Schutz, unserem Wunsch ein Teil von etwas Größerem zu sein.

Sinnlosigkeit:

- ➔ Eine vierte letzte Angelegenheit oder Gegebenheit der Existenz ist die Sinnlosigkeit. Wenn wir sterben müssen, wenn wir unsere eigene Welt schaffen müssen, wenn jeder von uns letztlich allein in einem gleichgültigen Universum ist, welchen Sinn hat dann das Leben? Warum leben wir? Wie sollen wir leben? Wenn es keinen vorbestimmten Plan für uns gibt, dann muss jeder von uns seinen eigenen Sinn im Leben konstruieren. Aber kann der Sinn, den wir uns selbst geben, stabil genug sein, um unser eigenes Leben zu tragen? Dieser existentielle dynamische Konflikt rührt von dem Dilemma eines sinnsuchenden Geschöpfes her, das in ein Universum hineingeworfen ist, das keinen Sinn hat.

In fast allen seinen Arbeiten untersucht Yalom die jeweils individuellen Bewältigungs- und Lösungsversuche dieser Grundkonflikte. Dabei gibt es viele unterschiedliche Möglichkeiten, den existentiellen Ängsten zu begegnen, ohne wohl damit rechnen zu können, mit den unausweichlichen Tatsachen des Lebens andauernd stabil zurechtkommen zu können. Humor z. B. ist eine Stärke, aber Woody Allens Kommentar: „Ich habe keine Angst vor dem Tod. Ich will nur nicht da sein, wenn er kommt", ist manchmal keine gute Hilfe.

2. Die depressive Position – Ist sie ein menschliches Unglück oder auch eine Entwicklungschance?

Die depressive Position hat im heutigen psychoanalytischen Denken eine ähnlich zentrale Bedeutung wie die narzisstischen und ödipalen Konzepte. Heising u.a. (1982) schreiben in einer Zusammenfassung von Klein und Winicott:

- ➔ Begünstigen überwiegend gute Erfahrungen das Ich-Wachstum des Kindes, können sich Selbst und Nicht-Selbst zunehmend differenzieren, kann das Kind zwischen sich und dem mütterlichen Objekt langsam unterscheiden, dann nimmt das Kind dunkel wahr, dass die nur gute und die nur böse Brust Bestandteile ein und derselben Person sind. Es ist also ein und dieselbe Mutter, die das Kind aus der Wiege an die Brust nimmt und es achtlos schreien lässt. Es ist dieselbe Mutter, die sich liebevoll zu- und verärgert abwendet, die Nahrung und Lust spendet und Schmerzen und Schrecken zufügt. Die Alltagsmutter ist eine Feen- und Hexenmutter zugleich. Dies bedeutet für das Kind, dass seine Liebe und sein Hass, genauer seine orale Aggression ein und demselben Objekt gelten, dass es die gleiche Mutter mit oral-aggressiver Phantasie fressen, zerstückeln, zerstören will, die es unversehrt, heil und gut für immer bei sich behalten möchte ... Das Begreifen, dass die Mutter der erbarmungslosen Angriffe gleichzeitig die Mutter aller zärtlichen, liebevollen Strebungen ist, dass dieselbe Person wütend zerstört und lustvoll geliebt wird, führt zu den Gefühlen der Trauer, der Reue, der Schuld und der Angst vor Zerstörung und dem Wunsch nach Wiedergutmachung.

Diese frühe Reifungsaufgabe kann nur mehr oder weniger gut gelingen und ist bei allen Krisen der späteren Entwicklung mit großem Einfluss wirksam. Dabei bedeutet die Auseinandersetzung mit der „depressiven Position" etwas grundsätzlich anderes als „Depressiv-Sein". Sie ist eher eine Konstellation der Ich-Integration, der Objektbeziehungen und der emotionalen Differenzierung als notwendige Basis des gesunden Selbst. Um eine psychische Erkrankung mildern oder zumindest teilweise bewältigen zu können, bedarf es der Fähigkeit, Schuldgefühle zu empfinden, aber auch Wiedergutmachung und Wiederbelebung zu erreichen. Eigenes Versagen, Enttäuschungen, schwer zu akzeptierende Gefühle und Phantasien, Begrenzungen und Beschädigungen müssen in einer Bewegung gehalten werden, damit sie nicht z. B. in einer Depression, einer Borderline-Störung oder einer Sucht chronifiziert werden.

Kametsky Konstantin/Shutterstock.com

- Die „Nähe“ ist noch da, aber der Blick wird vermieden.
- Ein „Ringen“ um die Gefühle der depressiven Position ist gut vorstellbar.
- Auch ein nächster Schritt im Verhalten wird folgen (z. B. Umarmung oder Streit).
- Auch eine Trennung ist möglich.
- Das emotionale Gedächtnis wird alle Erfahrungen speichern.

Das Erreichen der Gefühlsdifferenziertheit der depressiven Position ist nur möglich, wenn ein Stadium der stabilen Spaltung vorausgegangen ist. Dieser psychische Reifungsschritt wird als paranoid-schizoide Position bezeichnet. Segal (1974) schreibt dazu:

➔ Eine Leistung der paranoid-schizoiden Position ist die Aufspaltung. Sie erlaubt dem Ich, aus dem Chaos aufzutauchen und Ordnung in seine Erfahrungen zu bringen. Dieses Ordnen von Erfahrung, das mit dem Vorgang der Spaltung in ein gutes und ein böses Objekt einhergeht, mag anfangs noch so zügellos wuchern, es wird gleichwohl das Universum der seelischen und sinnlichen Eindrücke des Kindes gliedern und ist daher eine Voraussetzung für die spätere Integration. Aus dem Ordnen, dessen Ursprung die Differenzierung von Gut und Böse ist, wird später die Fähigkeit zu unterscheiden.

Auch diese – der depressiven Position vorausgehende – stabile Spaltungsfähigkeit der paranoid-schizoiden Position stellt eine Regressionsschranke dar gegenüber den Suchterkrankungen und den schweren psychosomatischen Symptombildungen. Gelingt diese Spaltung nicht, introjizieren viele dieser Patienten das böse Objekt bzw. Teilobjekte in ihre innere Welt, um sie dort zu behalten oder zu zerstören.

Häufig ist es schwer, die Fähigkeit zur Spaltung als Entwicklungsschritt zu begreifen. Dies liegt wohl auch daran, dass die Psychoanalyse sich stärker mit der Stagnation der Spaltungsprozesse beschäftigt hat, die wiederum das Erreichen der depressiven Position einschränkt bzw. verhindert. Ein zentrales Thema ist seit Freud die frühe Spaltung in ein Bild der „ruhigen" und der „erregenden" Mutter für den Sohn, und der Vatersehnsucht bzw. des Vaterhasses für die Tochter. Auch diese Polarisierungen sind geprägt von den bipolaren Internalisierungen „nur guter" und „nur böser" Teilobjekte, die zu einer Vermischung von sehnsüchtigen Wünschen, gleichzeitigen Abweisungsängsten und starken Aggressionen führen. Die dabei entstehende Abhängigkeit wird besonders deutlich beim Aufwachsen mit zwei rivalisierenden Müttern, wie Harsch (1994) zusammenfasst:

➔ Die Betreuung durch zwei verschiedene Frauen kann dazu beitragen, die frühe Spaltung der mütterlichen Imago aufrechtzuerhalten. Je mehr die beiden Frauen real divergieren, umso schwerer gelingt die Integration der inneren Objekte. Mögliche Folgen sind Spaltungen in eine gute und eine schlechte Mutter, eine warm-nahe und eine kühl-ferne bzw. in eine Mutter der präödipalen und eine Mutter der ödipalen Zeit (...). Freud muss mit der Thematik der „Zwei-Mütter-Kindheit" vertraut gewesen sein, wie ein Beispiel aus seiner Arbeit als Analytiker zeigt: Er begann 1921 eine Analyse mit dem amerikanischen Psychiater Oberndorf, der von einer schwarzen „Mammy" aufgezogen worden war. Sein Initialtraum lautete:
„Er fuhr in einer Kutsche, die von zwei Pferden gezogen wurde, einem schwarzen und einem weißen. Die Reise ging ins Unbekannte." Freud verstand und deutete diesen Traum als „verzwickte Lage" für Oberndorf, da er nicht wissen könne, ob er sich mehr an eine schwarze oder eine weiße Frau binden solle.

Das Zusammenwirken der frühen Spaltungsprozesse mit der schwierigen Integration der „depressiven Position" illustriert Felgendreher (2005) – neben anderen Gesichtspunkten – in seiner Zusammenstellung von Briefen von und mit Walter Bertelsmann, einem Worpsweder Maler der zweiten Generation. Ich zitiere einige eigene Anmerkungen aus der psychoanalytischen Perspektive (2005):

➔ Nachdem W. B. in Worpswede Fuß gefasst hat, lernt er eine Schülerin von Mackensen, Ottilie Reyländer, kennen, deren Faszination er sich lange nicht entziehen kann. Schon bei der Nennung ihres Namens überkommt ihn Herzklopfen. Er bewundert sie in ihrer Kunst, die für ihn ein Vorbild darstellt, und er will sich ihr beweisen. Es vergeht keine Stunde, in der er nicht an sie denkt, und er steht Qualen der Sehnsucht aus, zieht sich vom geselligen Leben zurück und wird einsam. Eine erneute, depressive Krise spitzt sich zu (mit 27 Jahren), stabile Phasen und Rückschläge wechseln sich ab. In den Briefen Ottilie Reyländers, die früh selbstständig war und als emanzipierte Frau in Paris, Italien und später Mexiko lebte, zeigt sich eine selbstbewusste, eher kühl agierende Persönlichkeit, die die ihr entgegengebrachten Gefühle nicht beantwortet und nicht akzeptiert. Das kann zunächst Walter Bertelsmanns Erregung und Freude über die nur seltenen brieflichen Kontakte nicht trüben. Jedes Bild, das er malt, gilt ihr, über das Malen lebt er in einer „Gedankenehe" mit Ottilie Reyländer, was den

Freunden Anlass zur Sorge gibt, seine Leidenschaft könne seine künstlerische Bahn stören, während die Mutter Sophie Bertelsmann ihrem Sohn den Rat gibt, einen Strich durch diese traurige Angelegenheit zu machen.

Zur Psychologie dieser einseitigen Liebesbeziehung fallen einige Besonderheiten auf, die mit den Worten Idealisierung und Verliebtheit nicht mehr erfasst werden können. Ohne dass es eine realistische Annäherung und Nähe in der Beziehung zu O.R. gibt, reagiert W.B. angelockt und verführt, während O.R. hingegen ihr mäßiges Interesse und ihre Zurückweisung kaum verbirgt („Ich habe das Gefühl, dass das alles nicht ganz echt ist, sondern dass auch sehr viel Theater und enorm viel verletzte Eitelkeit dabei sind. [...] Darum lassen wir es gut sein und auf sich beruhen, und schreiben mir nicht mehr.").

nick-fewings/Unsplash.com

- Ein Herz kann sich öffnen, „das Herz kann ausgreifen“ und Freude am Leben gewinnen.
- Gesucht wird häufig das „Lovelight“, aber nur manchmal wird es gefunden.
- Die Defizite müssen bewegt werden.
- Angst vor Liebesverlust panzert den Körper.
- Das „Ausgreifen“ ist nur noch zögerlich möglich.

Süchtig-zwanghaft hält W.B. an der Beziehung fest, so als ob er sich nicht von der abweisenden Sehnsuchtspartnerin abgrenzen kann. Diese Konstellation wird in der Psychoanalyse von Freud, Klein, Fairbairn und Winnicott ausführlich beschrieben und begründet. Die ausweglose Beziehungssituation und der partielle psychische Stillstand geraten in Bewegung, als W.B. – jetzt Anfang dreißig – sich in Erna Lundbeck verliebt.

Er bewundert ihre künstlerische Begabung und ihre gesunde, vitale, erotische Ausstrahlung. Aber zunächst siegt die machtvolle Attraktivität des „abweisenden Objektes", wie es etwas mechanistisch in der psychoanalytischen Terminologie heißt. W.B. kann sich nicht von Ottilie Reyländer trennen. Er löst die Verlobung mit Erna Lundbeck und leidet heftig unter Vereinsamungsangst und Schuldgefühl. Die emotionale Neuerfahrung für ihn ist, dass er zwar emotional Erna mit seiner Wankelmütigkeit und Ambivalenz erreicht, aber dass er ihre Liebe und Zuwendung nicht zerstört. Sie hält in Sorge, aber bemerkenswerter Festigkeit zu ihm, schließlich heiraten beide. Im psychoanalytischen Sprachgebrauch würde es heißen: In Erna Lundbeck erlebt W.B. das bisher abgespaltene gute, akzeptable Idealobjekt, das in ruhiger, ordnender Weise Ich-Strukturen fördert und ins Stadium einer reiferen Form der Bezogenheit und Abhängigkeit führt.

Die Bewegungen und Möglichkeiten der Spaltungsmechanismen und der depressiven Position bilden einige zentrale Aspekte der symptomauslösenden Konstellation bei einer Depression. Häufig sind diese Zusammenhänge ähnlich plausibel, wie in dem angeführten Kurzbeispiel von W.B. Die stabilisierende Verarbeitung, die W.B. in seiner künstlerischen Entwicklung findet – eine schizoide und kreative Verarbeitung – beginnt zu versagen, als W.B. nicht nur mit den häufigen narzisstischen Kränkungen seiner Profession zu tun hat, sondern er sich unglücklich und unerfüllbar verliebt. Bei W.B. führt diese emotionale Anhänglichkeit und Abhängigkeit in einer ersehnten und gleichzeitig zurückweisenden Liebesbeziehung zu einer zunehmenden Destabilisierung des Selbst und zur depressiven Symptomatik.

nik-shuliahin/Unsplash.com

- Zu beachten ist auch, dass das emotionale Gedächtnis nicht wie ein Speicher oder ein Filmarchiv arbeitet.
- Die jeweilige auslösende Situation triggert kein eindimensionales Geschehen, sondern ein spezifisches Muster, das von einer frühen Grundstruktur ausgeht.
- Es lohnt sich sehr, auch dieser Bewegung und Differenzierung zu folgen.
- Dadurch verbessert sich nicht nur die Selbstwahrnehmung, sondern auch die Unterscheidung der eigenen Ressourcen.
- Depressiv sein kann sich gleich anfühlen, ist es aber bei genauer Betrachtung nicht.

Zusammenfassend und verallgemeinernd lässt sich sagen: Am Anfang der Depression steht der Objektverlust (real, als Bedrohung, in der Phantasie) und die zunehmende Labilisierung des Selbst durch den Zusammenbruch seiner bevorzugten Verarbeitungsformen. Ist dieses Stadium erreicht, aktiviert das „emotionale Gedächtnis" die Kindheitspersönlichkeit und die frühe Beziehungsvergangenheit. Dieser große Anteil unserer Erfahrung ist viszeral, nur teilweise organisiert in der kognitiven Verarbeitung, aber außerordentlich wirksam in der Gegenwart. Bollas (1997) spricht vom „existentiellen Gedächtnis" oder vom „ungedachten Bekannten". Er meinte damit, dass ein Kind die Besonderheiten in der Beziehung zu den Eltern (die Art der Sorge, der Ängste, der affektgeladenen Erlebnisse) in einer tiefen persönlichen Struktur verinnerlicht. Diese Art des Gedächtnisses ist nicht repräsentational und erinnernd und bleibt deshalb außerhalb des Bewusstseins, ohne unbewusst (d. h. verdrängt) zu sein. Rudolf (2000) fasst die depressive Kindheitspersönlichkeit und ihre Folgen erlebnisnah zusammen. Auch hier zeigt sich noch einmal deutlich, mit welchen sprachlichen Möglichkeiten die mechanistisch wirkenden Konzepte im Entwicklungsbereich der paranoid-schizoiden und depressiven Position übersetzt werden können.

➔ Wenn das sehr kleine Kind sein gutes Objekt verliert, wenn es dieses durch Schreien nicht mehr erreichen, nicht mehr zum Antworten bringen kann, wenn es nicht mehr gelingt, das zwar vorhandene, aber selbst verzweifelte Objekt zum Lachen und Leuchten zu bringen, dann drückt sich die Depression des Säuglings körperlich aus: Es ist, als ob er erlischt, er kann keine Nahrung zu sich nehmen oder er vermag sie nicht mehr im Körper zu behalten, seine kommunikativen und exploratorischen Aktivitäten liegen danieder. Bestand dieses Erleben lange und intensiv genug, dann bleibt davon eine Erinnerung, die Spur des Verlustes und der Verlorenheit sowie des ungestillten Hungers, der Zweifel am sicheren Besitz des Guten, die gierige Sehnsucht nach einem Idealobjekt; zugleich bildet sich der Zweifel am eigenen Selbst, das, wenn es später wieder einmal etwas oder jemanden verloren hat, sich selbst völlig zu verlieren droht, seine Existenzberechtigung einbüßt, sich und alle seine psychische Aktivitäten aufgibt und sich nur noch nach Erlösung im Tod sehnt.

Die Möglichkeiten der psychotherapeutischen Behandlung dieser ganz frühen Beziehungsvergangenheit und ihrer Folgen sieht Orange (2004) – auch für lange psychoanalytische Prozesse – realistisch, aber auch selbstbewusst:

➔ Das emotionale Gedächtnis verstehen hilft auch zu erklären, warum Symptome selten vollkommen verschwinden und unter Stress wieder auftreten können. Unsere Geschichte ruht in unserem ganzen Sein. Einsicht – sogar emotionales Verständnis – kann die Auswirkungen von Geschichte lindern, sie langsam beherrschbar und tolerierbar machen, aber die emotionale Geschichte an sich bleibt. Was heilsam ist, ist die Beziehungserfahrung von sicherer Bindung und wechselseitiger Suche nach Verständnis. Solche Erfahrung schafft neue emotionale Erinnerungen, neue Traditionen und neue Möglichkeiten. [...] Wir dürfen nicht das Gefühl haben, dass Psychoanalyse versagt, weil Einsichten emotionale Erinnerung nicht beseitigen. Wir können nicht erwarten, dass Psychoanalyse dies können sollte.

3. Wohin führt der Weg? – Über die Unausweichlichkeiten des Lebens.

Über Alterungsprozesse, Sterben und Tod wird in vielen Zusammenhängen gesprochen, geschrieben und zunehmend auch geforscht.
In der psychoanalytischen Praxis haben diese Themen eine große Bedeutung, wobei das subjektive Erleben häufig in Verbindung steht mit der Verarbeitung ganz unterschiedlicher Ängste und Schuldgefühle. Ein Beispiel habe ich beschrieben in einer Auseinandersetzung mit einem Buch von Guex (Rippe 2002):

- ➔ Herr L. erzählte aus seiner zweiten Analyse bei einem ca. 65-jährigen Analytiker, dass er zeitweise zwanghaft die Todesanzeigen lesen musste, um nachzusehen, ob sein Analytiker dabei war. Er hatte ein ganz schlechtes Gewissen, weil er annahm, es handele sich um seine Vernichtungs- bzw. seine Kastrationsphantasien. In den Sitzungen habe man eine Zeitlang hin und her überlegt, aber eigentlich sei nur ein Punkt richtig haften geblieben. In einer Sitzung sagte sein Analytiker, „er habe natürlich auch Angst vor dem Tod, aber irgendjemand würde ihn schon unter die Fittiche nehmen". Dies verstand Herr. L. innerlich als ein mütterliches Einhüllen und nicht als väterliches Bestrafen oder elterliches Vernichten.

Diese Verbindung zum Mütterlichen bzw. die Suche danach hat Herrn. L. immer wieder beeindruckt und ihn mit Phasen seines Lebens versöhnt, in denen er sehr häufig mit Todesphantasien, Erbschaften, Testamenten, Nachfolgeproblemen usw. beschäftigt war. Herr L.: „Es war ganz schwierig, in dieser zweiten Analyse den Tod meiner Mutter zu bearbeiten. Zuerst ging es um die Schuldgefühle, ich lebe, bin auf den ersten Blick gesund, für mich geht es weiter, sie geht langsam an Krebs zugrunde. Aber das war wirklich nicht alles, ich war ja – und es quält mich noch heute – auch ganz damit einverstanden und manchmal zufrieden. Aber mit ihr zu sterben, das war wohl die Phantasie von früher. Damals wollte ich sie ganz für mich haben, um jeden Preis."

Zur regressiven Sehnsucht – manchmal verbunden mit der Selbstvernichtung – schreibt Guex:

- ➔ In seiner Analyse der Träume und Wahnvorstellungen von seinem Tod zu zweit, der „die Aussichtslosigkeit eines Lebens zu zweit" aufzeigt, hat Odier gezeigt, dass die objektbezogenen Todeswünsche dasselbe wohltuende Element enthalten wie die auf das eigene Ich bezogenen; dies vor allem dann, wenn sich die beiden Wünsche treffen, um die durch das Leben bedrohten und getrennten Menschen auf immer zu vereinigen, oder für den Überlebenden: „Verlieren heißt, im Geiste unbegrenzt besitzen", hat Valery geschrieben. Gewisse Patienten würden diese Aussagen ohne weiteres unterschreiben; es sind Kranke, denen eine solche kostbare Gefühlsbeziehung im wirklichen Leben misslungen ist. Oder in anderen Worten ausgedrückt, der Tod soll zu einem Besitz verhelfen, in dem Unglück, Enttäuschung und Niederlage keine Existenz mehr haben.

Während in diesen Gedanken die Mütterlichkeit des Todes eine befreiende Wirkung von der Negativität des Lebens hat, sehen spirituelle Erfahrungen und Vorstellungen östlicher Traditionen das Ziel in der Lösung von einem persönlichen Selbst und in einer Erfahrung der unendlichen Weite. Diese lässt sich weder begreifen oder definieren, aber vielleicht beschreiben. Suzanne Segal (2000) antwortet in einem Interview auf die Frage zum Leiden bzw. dem unnötigen Leiden:

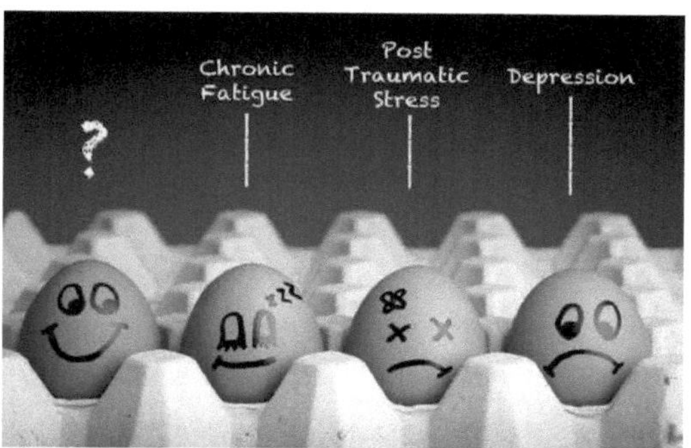

THP Creative/Shutterstock.com

- Hin und wieder, manchmal auch öfter, wird kritisiert, dass die psychoanalytischen Konzepte den negativen Pol der Gefühle bevorzugen.
- Einerseits geht es natürlich um die Vermeidung aversiver Gefühle.
- Andererseits ist die Bewegung der Gefühle die Richtung der psychischen Gesundheit.
- Der Tansformationsprozess schafft eine neue Balance zwischen Verletzung und Heilung.
- Die Problemarbeit und der Ressourcenkontakt werden sich ergänzen.

➔ Wenn man Dinge nicht als das erkennt, was sie sind, sondern ihnen eine andere Bedeutung gibt, dann erzeugt das Leiden. Den negativen Bezugspunkt, das negative Selbstbild für die Wahrheit zu halten, ist im Westen weit verbreitet. Das Negative scheint wesentlich echter und tiefer als alles andere zu sein. Wenn Menschen über ihre Probleme reden, dann gibt es ihnen das Gefühl, sich wirklich zu kennen. Die Verherrlichung des Negativen ist unglaublich stark. Wenn jedoch diese negativen Vorstellungen, Überzeugungen oder Gefühle einfach als das erkannt werden, was sie sind, dann gibt es kein Leiden. Doch wenn sie für das gehalten werden, was ich bin, dann entsteht das Gefühl, dass mit mir etwas nicht stimmt, und erst wenn ich mich verändere und mich von der Negativität befreie, wird mein Leben annehmbar sein. [...] Wenn man sich wehrt, schafft man unnötige Konflikte. Das trifft genauso auf alle Gedanken, Gefühle und andere Erfahrungen zu, die im Ozean unseres Selbst auftauchen. Der Ozean lehnt sie niemals ab, er schafft niemals einen negativen Bezugspunkt und sagt: „Verdammt noch mal, das Seegras ist immer noch da. Mit mir stimmt etwas nicht!" Wenn sie auftauchen dann nimmt sie der Ozean als das wahr, was sie sind, und dann verflüchtigen sie sich wieder auf ganz natürliche Weise.

Diese Vorstellung des Alterns und des Sterbens als letztlich friedliche Verschmelzung mit dem Universum – oder als Annehmen eines unbeschreiblichen Mysteriums – war für Freud zu allen Zeiten fremd. Mit großer Emotionalität hält er an einer männlichen Gottesvorstellung fest und er weigert sich bis zuletzt, „sanft in eine gute Nacht" hinüberzugehen. In einem Brief an Romain Rolland (Wangh 1989) schreibt er zu diesem Thema:

➔ In welchen mir fremden Welten bewegen Sie sich doch! Die Mystik ist mir ebenso verschlossen wie die Musik.

Ohne deutlich sichtbare mystische Elemente berichtet Parin (2004) über seinen persönlichen Alterungsprozess in der NZZ, aber der Leser könnte auch hier einige Idealisierungen entdecken:

➔ Seit der Zeit der Griechen und Römer haben zahlreiche Philosophen ihre Erkenntnisse über das Alter dargelegt, ich halte mich an eine Stimme unserer Zeit. Der Turiner Philosoph Norberto Bobbio hat mit mehr als neunzig Jahren geschrieben: „Wer das Alter lobt, hat ihm nie ins Antlitz geschaut." Erasmus hat das Gleiche über den Krieg gesagt – und ich stimme beiden Philosophen zu. In der Analyse wandelt sich – nach einem Wort von Sigmund Freud – neurotisches in gemeines Elend; das gilt für den Analysanden und ebenso für den Analytiker. Die Aufklärung unbewusster Motive erspart es mir, Altlasten seelischer Schmerzen mitzuschleppen, die man als Überlebensschuld bezeichnet. Du hättest für deine Lieben mehr tun können, mehr leisten für die Leidenden der Welt. Diese Schuld ist oft Ausdruck eines kindlichen Größenwahns. Solange du unter der Last stöhnst, könntest du das Unabänderliche doch noch ändern. Wenn die unbewusste Phantasie entlarvt ist, wird das vergangene Geschehen zur Erinnerung, zur Realität. Gelegentlich stellen sich trübe Gedanken ein, an Krankheit, an das Sterben und an den Tod. Die meisten Religionen bieten den Glauben an, dass die Seele nicht stirbt, sondern weiterlebt. Ich kann diesen Trost nicht annehmen, muss aber nicht erschrecken oder Angst haben. Längst weiß ich, dass Krankheit und Tod zum gemeinen Elend des Lebens gehören.

Zum Abschluss nimmt Parin Bezug auf den Tod seiner Lebensgefährtin vor sieben Jahren und schreibt:

➔ Mit ihr war mein Leben glücklich. Seit sie starb, ist mir das Leben möglich.

4. Narziss – ein Mythos der Selbstliebe und der Grandiosität?

Viele psychoanalytische Arbeiten nehmen häufig direkt oder indirekt Bezug auf den Narziss-Mythos, zumeist in der folgenden Fassung: In der griechischen Mythologie verliebt sich Narziss in sein Spiegelbild auf einer Wasseroberfläche und stirbt, weil er unfähig ist, sich davon zu trennen. Dabei ist es letztlich nicht die Selbstverliebtheit an sich, die zu seinem tragischen Ende führt, sondern die damit einhergehende Unfähigkeit der Zuwendung zur Objektwelt. Der erste Schwerpunkt – die Betonung der Selbstverliebtheit – fördert m. E. Distanz und Abwertung, die besondere Beachtung des Misslingens der Beziehung ermöglicht mehr Empathie und verstehende Auseinandersetzung. In diesem Sinne interpretiert z. B. Seidmann (in deBoer u. Rippe 2000) den Narziss-Mythos:

➔ Narziss seinerseits war 16jährig und erschien vielen jungen Mädchen und Männern begehrens- und liebenswert. Aber niemand von ihnen konnte ihn rühren; keiner machte Eindruck auf ihn. [...] Hinter seiner zarten, feinen Gestalt und Erscheinung saßen ein harter, gefühl- und liebloser, hartherziger Übermut und Hochmut; [...] Irgend jemand der vielen von ihm Verachteten und Abgewiesenen, *„aliquis despectus“* (also nicht die Echo!), betete zur Rhamnusia, zur Nemesis, der Göttin der Vergeltung, [...] Narziss möge bestraft werden [...] , er möge einmal selbst so lieben und, was er liebe, nie bekommen. Die Göttin stimmte zu.

Der zentrale Gesichtspunkt liegt eindeutig in dem Nichtbekommen, nicht in dem Sich-selbst-Lieben. Narziss muss dieses Bild im Wasser begehren, ohne in ihm je einen realen Liebespartner zu erleben. Von daher wünscht er sich den Tod. So verstanden geht es um ein Urbild eines tiefen menschlichen Misslingens, vergleichbar mit Tantalus oder Sisyphos.

Diese Interpretation betont nachdrücklich das narzisstische Dilemma, die Liebe und Abhängigkeit zu den Objekten der Umwelt zu ersehnen und gleichzeitig zu vermeiden, aus Angst, dass das eigene Selbst durch Kränkungen und Niederlagen zerstört wird.

Es gibt wohl keine gelingende Entwicklung, in der es langfristig möglich ist, ein überwiegend narzisstisch gestütztes Selbst stabil aufrecht zu erhalten. Aus der Sicht der psychoanalytischen Praxis ist dieser Prozess alltäglich, aber er trifft auch auf die der Öffentlichkeit zugänglichen Ausnahmekarrieren zu. Wir erleben es z. B. im Sport, bei den Personen – bei den wenigen – die fast ohne Zweifel ganz oben stehen bzw. standen und zu denen nicht einmal Franz Beckenbauer oder Boris Becker sicher gezählt werden. Ich denke dabei an Pele, Muhammed Ali, Tiger Woods, Björn Borg, Michael Jordan und wenige andere, vielleicht auch an Ayrton Senna. Die Frage, was diese Männer nun ganz besonders auszeichnet und warum in dieser Aufzählung keine Frau dabei ist, möchte ich hier nicht überlegen, stattdessen einige Anmerkungen zum Prozess der Abhängigkeiten und Niederlagen skizzieren. Dieser Weg ist unaufhaltsam und trifft jeden. Nur die besonderen Wege der Integrationsleistungen sind unterschiedlich.
Welcher Sport- bzw. Tennisfreund erinnert nicht, als Björn Borg auf dem Höhepunkt seiner Erfolge

abrupt seine Laufbahn beendete, im Alter von Mitte zwanzig. Von der *Bild*-Zeitung bis zur *Zeit* wurde geforscht und interpretiert, welche Gründe wohl die entscheidende Rolle spielten, auch die psychische Verfassung von Borg wurde besonders beachtet, ohne schlüssiges Ergebnis. Die Überraschung war groß, als Björn Borg ungefähr 10 Jahre später versuchte, seine Karriere fortzusetzen, zunächst in seinem alten Outfit, aber die Rückkehr war ohne Erfolgschance. Eine Interpretation war – sie war auch die meine – dass Borg eine unvollständige Entwicklung ganz zu

Maples Images/Shutterstock.com

- Der Selbstwert und seine Balance ist meist nur unterschiedlich stabil.
- Verletzbarkeit und Grandiosität liegen eng zusammen.
- Eine Therapie sollte beide Seiten würdigen und ihre jeweiligen bewussten und unbewussten Dynamiken.
- In den emotionspsychologischen Konzepten werden diese Zusammenhänge häufig als „doppelte Selbstwertregulation" bezeichnet (Regulation des Stolzes und der Scham).

Ende führen und letztlich nicht abbrechen wollte und konnte. Viele Interviews der nächsten Jahre zeigten einen veränderten Sportler, viel aufgeschlossener und gesprächsbereiter, der nicht besonders unter den sich häufenden Niederlagen zu leiden schien. Wenn es nun wirklich so war, dann ist es ein erstaunlicher und kreativer Prozess. Auch so kann ein Bruch zwischen dem Ich und dem Ich-Ideal verarbeitet werden, ein Wunschergebnis für jede Psychoanalyse, wenn sie sich denn überhaupt etwas wünschen darf.

Auch Tiger Woods fand einen Weg, sich der psychischen Verarbeitung von Abhängigkeit und Niederlage zu stellen. Jahrelang war er ein strahlender Golfheld, der beste Spieler der Welt, vielleicht bis zum Juni 2002, als er mit dem Gewinn der US-Open seinen bisher achten und vorletzten Major-Sieg erreichte. Dann kam der tiefe Fall und wir lesen 2003 im Weser-Kurier:

➔ „Es war geradezu egal, welchen Schläger ich nahm. Ich konnte den Ball nicht im Spiel halten", meinte Woods, der nur fünf von 14 Fairways nach dem Abschlag traf. Der sich mit für ihn unwürdigen kurzen Chips aus dem tiefen Gras querab auf die Fairways retten musste, statt das Grün anzugreifen. Kochend vor Wut über eigene Unzulänglichkeiten rammte er Schläger in den Boden, warf sein Handwerkszeug krachend in die Tasche, fluchte und haderte mit sich.

Tiger Woods ist bis heute dabei, zäh und hartnäckig, auch nach den folgenden Krisen und dem schweren Verkehrsunfall. Der Glanz und die Leichtigkeit des strahlenden jungen Mannes gehören zur Vergangenheit, aber möglicherweise hat er selbst viel gewonnen.

5. Schuldgefühle und Ödipuskomplex – zwei wichtige Stimmen in einem Selbstgespräch

Als Freud seine Theorie vom Über-Ich entwickelte, versuchte er den Teil der Psyche zu beschreiben, der uns begrenzen, lenken aber auch beruhigen will.
Bollas (1997) beschreibt diesen Vorgang am Beispiel einer Vortragsreise:

➔ Während ich das Flugzeug verließ und mir ein Taxi suchte, machte ich mir Sorgen, dass ich nicht rechtzeitig im Hotel ankommen würde. Den Flug über war mein Denken einen Großteil der Zeit in der ersten Person abgelaufen: „Ich werde das und das tun und anschauen, mich auf das und das vorbereiten, werde die und den besuchen." Als aber das Taxi nur langsam vorankam, wuchs meine Anspannung, und ich hatte eine kurze Phase haltender Aktivität nötig. Ich sagte zu mir selbst: „Verdammt noch mal, das Taxi ist zu langsam und ich werde zu spät ankommen (Besorgnis wächst). Also pass auf, du kannst absolut nichts dran ändern – hör auf, dir Sorgen zu machen (Spannungspegel sinkt etwas). Aber die Leute müssen auf dich warten (Anspannung bricht wieder auf). Jetzt stell dich nicht so an (wenig glücklicher Versuch mit einer leicht psychopathischen Taktik). Jedenfalls kannst du jetzt nichts tun, und wenn du ankommst und völlig aus dem Häuschen bist, verdirbt das deinen Freunden hier wirklich die Laune, also lass es lieber sein." Diese innere Arbeit ist ein Beispiel für das Halten, einen Teilaspekt des lenkenden Umgangs mit uns selbst, mit dem wir das ganze Leben lang befasst sind. Dadurch, dass ich mich auf diese Weise für eine kurze Weile selbst objektivierte, meine Besorgnis in Gedanken umsetzte und mich selbst beruhigte, war ich in der Lage, die Taxifahrt zum Hotel zu genießen und zu meinem Vortrag in hinreichend guter innerer Verfassung einzutreffen.

In diesem Beispiel wird das Selbst behandelt wie ein inneres Objekt, es entsteht ein Dialog, der empathisch – introspektiv vertieft werden kann. Bollas fährt fort:

➔ Einen Tag nach meiner Ankunft in Rom saß ich in einem Straßencafé. Eine schöne Frau ging vorbei, worauf ich im Stillen mit „Jetzt guck dir das an, Mensch!" reagierte, also mit einer Bemerkung zum Selbst als einem Objekt, die man sicherlich auf viele verschiedene Arten lesen kann.
Es wäre aufschlussreich, der Phänomenologie dieser intrasubjektiven Beziehung weiter nachzuspüren. Wie behandeln zum Beispiel unserer Patienten innerhalb des intrasubjektiven Raumes sich selbst als ein inneres Objekt? Worin liegt das Wesen ihrer Fähigkeit, ihren Affekten Ausdruck zu verleihen, innere Konflikte auszuhalten, zwischen Instinktforderungen und Über-Ich-Verboten zu vermitteln und eine hinreichend gute Lösung für die Konflikte zwischen Teilbereichen der Psyche zuwege zu bringen? Wie erleben sie sich bewusst und unbewusst als das Objekt des lenkenden Umgangs mit sich selbst?

jordan-whitt/Unsplash.com

- Ob es sich um eine Zwei-Personen-Konstellation handelt oder einen ödipalen Konflikt (im engeren Sinne drei Personen – z. B. der Sohn begehrt die Mutter, bei gleichzeitiger Konkurrenz mit dem Vater) ist häufig nicht gut zu erkennen.
- Entscheidend ist die Dynamik des impliziten Themas.
- Z. B. könnte der Sohn die Mutter bestrafen wollen, weil er sich schlecht behandelt fühlt und Wiedergutmachung einfordert.
- Oder er könnte in seiner Phantasie dem Vater zeigen wollen, wie sehr er die Mutter beeinflussen und bestimmen kann.
- Oder die eine Dynamik könnte jeweils die andere abwehren.

Rom-Besucher auf den Spuren Freuds versuchen gerne diesen inneren Dialog nachzuvollziehen, indem sie die Basilica di San Pietro in Vincoli aufsuchen, um sich Michelangelos Moses-Statue anzusehen. Freud hatte diese als Ausdrucksform besonderer Selbstbeherrschung dargestellt und begründet, im Gegensatz zu anderen Interpreten, die davon ausgingen, dass Moses gleich aufspringen würde, um die Tafeln mit den zehn Geboten unter seinem rechten Arm voller Zorn zu zerschmettern. Viele Betrachter spüren einen großen Anreiz, sich diesen inneren Dialog von Moses vorzustellen, auch sie kommen zu unterschiedlichen Ergebnissen.
Besonders wichtige innere Dialoge entwickeln sich auch häufig zwischen den verschiedenen Aspekten des Willens. Bezogen auf den Ödipuskomplex zitiert Yalom (1989) den Freud-Schüler Otto Rank:

➔ Rank ordnete andere Hauptfragen des frühen Lebens dem grundlegenden Willenskampf unter. „Der Ödipus-Komplex hat keine andere Bedeutung als die eines großen – wenn nicht des ersten – Willenskonflikts zwischen dem wachsenden Individuum und dem Gegenwillen eines tausend Jahre alten Moralkodexes, der in den Eltern repräsentiert ist." Er fuhr (ironisch) fort: „Das Kind muss sich ihm unterwerfen, nicht damit es seinen Vater leben lässt und seine Mutter nicht heiratet, sondern damit es nicht ganz allgemein glaubt, dass es tun kann, was es wünscht [...]." (Auch das Vertrauen in das eigene Wollen muss ein Kind erst mühevoll erlernen).
Rank beschrieb die drei Entwicklungsphasen des Willens: (1) Gegenwille – Opposition gegen den Willen eines anderen, (2) positiver Wille – Wollen was man muss, (3) kreativer Wille – Wollen, was man braucht. Das Ziel der Kindererziehung (und der Therapie) ist es, die ersten Phasen in kreativen Willen zu verwandeln.
Der wesentlichste „Irrtum" der Kindererziehung ist nach Rank die Unterdrückung des Trieblebens und des frühen Willen („des Gegen" oder „negativen" Willens).
Wenn die Eltern das Kind lehren, dass jeder freie Triebausdruck unerwünscht und jeder Gegenwille schlecht ist, leidet das Kind unter zwei Konsequenzen: Unterdrückung seines gesamten Gefühlslebens und verkümmerter, schuldbeladener Wille. Das Kind wächst dann zu einem Erwachsenen heran, der seine Gefühle unterdrückt und den Akt des Wollens selbst als schlecht und verboten betrachtet.
Diese Konsequenzen sind von höchster Bedeutung für den Therapeuten, der oft Patienten begegnet, die unfähig sind zu fühlen, und wegen Schuld unfähig sind zu wollen.

Der (kreative) Wille braucht die Illusion, um die eigene Aktivität entwickeln zu können, die Einsicht in die Realität, das Verlieren und die Veränderung der Illusion. Die zentralen psychoanalytischen Leitgedanken setzen dabei unterschiedliche Schwerpunkte.
Während das Ödipuskonzept der Psychoanalyse Begrenzung und die Verantwortung in den Mittelpunkt stellt (das Verhältnis von Ich und Über-Ich), beschäftigt sich das Narzissmuskonzept zentral mit der Bewahrung und Entwicklung der Ambitionen und Ideale (Ich und Ichideal).
Beide Konfliktebenen sind nicht immer unvereinbar, wie z. B. auch einige Filme gut zeigen. Ich denke dabei an „Das Mädchen mit dem Perlenohrring" nach dem Roman von Tracy Chavalier (zu dem Gemälde von Johannes Vermeer) und besonders an „Rhythm is it!" von Thomas Grube und Enrique Sanchez Lansch. Hier wird die Verbindung von Verantwortung und leidenschaftlichem (illusionärem) Willen eindrucksvoll dargestellt.
In „Rhythm is it!" begleiten die Filmemacher die Berliner Philharmoniker, Sir Simon Rattle, den Choreographen Royston Maldoom und 250 Kinder beim Einstudieren von Strawinskys „Le Sacre Du Printemps". Die Kinder – die meisten von ihnen ohne Erfahrung mit klassischer Musik und Tanz –

entwickeln eine neue Basis der Beziehung zu sich und anderen, die weit über das gemeinsame Ziel hinausgeht. Sie lernen neue Gefühle kennen, in anderer Weise über sich nachzudenken, ihre Aufgaben und ihre Partner zu berücksichtigen und zu schützen. Angeregt und getragen wird dieser Prozess von der Musik, dem Tanz und auch von Roysten Maldoom, von seinem leidenschaftlichen Engagement, seinen moralischen Werten und seiner Vernunft.
Unabhängig von der Tragfähigkeit dieser Veränderung, handelt es sich um ein faszinierendes Projekt über kreative Entwicklungs- und Identifikationsprozesse, in denen sich Einsicht, Verantwortung und Illusion miteinander verbinden.

6. Emotionen und Psychoanalyse

Jeder weiß aus der persönlichen Erfahrung, was Gefühle sind, z. B. Angst, Traurigkeit oder Ärger. Geht es jedoch um eine Beschreibung oder auch um eine objektivierende Darstellung, taucht schnell eine Ratlosigkeit oder sogar Ungeduld auf. Unterschiedliche Differenzierungen werden bemüht, die subjektive Erfahrung, die Verbindung zu kognitiven und zu körperlichen Aspekten, die expressive Seite. Diese komplexen Prozesse sind bisher in einer umfassenden Theorie nicht vollständig erfasst. Von daher sind viele an Emotionen Interessierte – auch unter den Psychotherapeuten – weiterhin mit sehr unterschiedlich Konzepten unterwegs, um die Erfahrungen, mit sich selbst und mit anderen, sinngebend zu ordnen und zu reflektieren. Einerseits ist dabei anzuerkennen, dass es keine isolierten Gefühle, Gedanken, Motivationen, Wahrnehmungen usf. gibt, andererseits können z. B. Gefühle und Gefühlsmuster durchaus abgegrenzt betrachtet werden und zu partiellen Schwerpunkten und gedanklichen Reflexionen führen.

Von besonderer Bedeutung sind m. E. eine Reihe wichtiger Unterscheidungen. Eine *primäre* Emotion ist die erste spontane Reaktion, die in einer Reizsituation auftritt. Sie wird häufig überdeckt durch eine *sekundäre* Emotion, die (im ersten Anlauf) akzeptabler erscheint. Dieser Vorgang ist – wenn man gezielt darauf achtet – der eigenen Selbstwahrnehmung gut zugänglich. So ist z. B. eine gängige Erfahrung, dass man in der sekundären Emotion ärgerlich ist, aber bei einer Vertiefung bemerkt, dass als primäre Emotion Angst vorausgegangen ist.

Primäre Gefühle (an der Basis jeder psychischen Erkrankung) sind z. B. hilflose Wut, starke Schamgefühle, stabiles Unwertgefühl. Sie werden überlagert von den sekundären Gefühlen, die die primären schützend und isolierend bewahren sollen – dem bewussten Zugriff entzogen, weil sie zu schmerzhaft und beschämend sind.

jasmin-sessler/Unsplash.com

- Ein Schwerpunkt jeder Psychotherapie sind die Gefühle. Sind sie zu viel, zu wenig, in welcher Prozessbewegung stehen sie.
- Eine „giftige Suppe" kann ein strukturelles Problem darstellen, eine Unterstützung der Ordnung benötigen, die auch aktive Vorschläge des Therapeuten gut gebrauchen kann.
- Andererseits kann die Mixtur besonders schmerzhafte Gefühle abzuwehren und zu mildern suchen.
- Grundlage für die Therapie ist das „Arbeitsbündnis", wobei eine hochfrequente Langzeittherapie das Konzept „Widerstand" sehr viel besser nutzen kann als eine themenzentrierte begrenztere Psychotherapie.

Dieser Aspekt ist sehr wichtig für die psychotherapeutische Praxis. Folgende Punkte sind zu beachten:

Die sekundären Gefühle – also die Gefühle, die das Schlimmste einhüllen – müssen akzeptiert werden in ihrer Schutzfunktion. Die therapeutische Arbeit beginnt deshalb immer bei den sekundären Gefühlen. Sind diese sicher akzeptiert, wird schrittweise und taktvoll-vorsichtig versucht, einige primäre Gefühle zu erreichen.

Primäre Gefühle können sowohl *maladaptiv* als auch *adaptiv* sein. Eine adaptive Emotion ist der Auslösersituation angemessen (z. B. Angst in einer riskanten Verkehrslage), eine maladaptive Emotion ist unangemessen (z. B. starke Beschämung bei einer leichten und zutreffenden Kritik). Emotionsorientierte Ansätze in den verschiedenen Therapieformen empfehlen jeweils unterschiedliche therapeutische Techniken, um adaptive Gefühle sensibler zu akzeptieren und maladaptive umzuwandeln (siehe z. B. Lammers 2011).

Instrumentelle Emotionen unterscheiden sich von adaptiven und maladaptiven Emotionen dadurch, dass sie manipulativ und strategisch eingesetzt werden. Ist dieser Vorgang nicht reflektierbar, ist ein heilloses Durcheinander unausweichlich (z. B. bei starker Angst, die aber vorrangig Sympathien sichern soll).

Zu den wichtigsten Differenzierungen gehört auch, dass es selten völlig eindeutige Gefühle gibt, meistens sind sie gemischt. Eine in der Psychotherapie zentrale Rolle spielt eine Gefühlsgruppe, die als Enttäuschung bezeichnet werden kann, eine Mischung aus Trauer-Angst-Wut und Beschämung. In der psychotherapeutischen Praxis ist es häufig wichtig zu klären, welche der vier Gefühle jeweils gemeint sind, oder ob eine weitere Differenzierung sinnvoll ist. Dies kann sich z. B. auf den Begriff „Hass“ beziehen.

jukan-tateisi/Unsplash.com

- „Das schaffe ich nie.“
- „Mein großer Bruder joggt hier rauf und runter.“
- Der Narzisst hat beide Selbstanteile in sich, die vulnerable Seite und die grandiose.
- Häufig besteht zwischen beiden Seiten eine Dissoziation, z. B. ein implizites niedriges Selbstwertgefühl mit der Kernemotion Scham und ein explizites Selbstwertgefühl mit dem überheblichen Stolz.
- Der Wechsel zwischen diesen Zuständen reguliert die Stabilität.

Auch eine weitere Differenzierung hat besondere Bedeutung. Es ist nicht nur wichtig, zwischen den verschiedenen Gefühlen zu unterscheiden, sondern auch die Intensitätsveränderungen der Gefühle zu beachten (den sogenannten Vitalitätsaffekt). Der Patient z. B., der von einem Angstanfall berichtet, spürt vielleicht noch ein bisschen die Angst in sich, möchte aber möglicherweise im *Jetzt-Augenblick* des Erzählens mehr in seinem Ärger-Wut-Gefühl verstanden werden. Dieses Gefühl könnte stärker wirksam sein.

In der Praxisperspektive zu Beginn einer Therapie wird häufig die Angstthematik besonders beachtet. Die Angst gilt als Eingangspforte in alle weiteren Stationen eines Therapieprozesses, sie eröffnet den Zugang zur Empathie und zum Arbeitsbündnis.
Die psychoanalytischen Angstkonzepte sind:

1. Die Trennungsangst – Hinweise auf Verlassenheit, Einsamkeit, Liebesverlust.

2. Die Kastrationsangst – Hinweise auf Verletzung, physische Beschädigung, Bedrohung der Potenz und des Könnens.

3. Die Schuldangst – Hinweise auf Kritik, Verurteilung, Bedrohung durch Schuldgefühle.

4. Die Beschämungsangst – Hinweise auf Lächerlichkeit, Kränkung, Scham, Erniedrigung.

5. Die Todesangst – neben der existentiellen Komponente, Hinweise auf Bedrohung und Vernichtung, häufig eine Variante der Trennungsangst und der Zerstörung des Selbst durch das Schuldgefühl.

6. Die diffuse Angst – Hinweise auf Überschwemmung durch frei flottierende, nicht näher gebundene Angst.

Die psychoanalytischen Theorien gehen davon aus, dass die erlebte Angst symbolisch eine innerpsychische Angst darstellen kann, die dem Betroffenen nicht bewusst ist. Diese Intoleranz gegenüber der inneren Angst wird darauf zurückgeführt, dass es eine Gewissheit gibt, dass das innere Gefühl sich in Panik verwandeln wird. Dieser Zustand der vollständigen Unfähigkeit wird mit allen Mitteln abgewehrt – auch mit emotionaler Anästhesie oder Dissoziation.

Eine weitere zentrale Schaltstelle der Emotionsdifferenzierung ist das bereits erwähnte Muster von Ärger, Wut, Zorn und Hass. Diese Gefühlsgruppe ist die einzige, die zum Rückzug oder aber zur Aktivität führen kann (die Abneigung mit dem Potenzial des *Zugehens*). Von daher wird häufig ein enger Zusammenhang zwischen diesen Gefühlen und Entwicklungs- und Veränderungsprozessen hergestellt.

startae-team/Unsplash.com

- „Aktiv sein ist gefährlich" trifft viele Bereiche der Intentionalität.
- Das Freudsche Entwicklungsmodell kennzeichnet das Übergangsstadium immer durch Aggression (oral-passiv, oral-sadistisch, anal-retentiv, anal-sadistisch usf.)
- Die Zielgerichtetheit der Hand korrespondiert mit der Unsicherheit im Zielpunkt.
- Die Entscheidung ist noch offen.

Zunächst sind also die genannten Ärgergefühle sinnvolle und hilfreiche Gefühle, da sie verdeutlichen, dass wichtige Bedürfnisse (Bindung, Selbstwert z. B.) bedroht werden. Positive Konsequenzen können erwogen oder umgesetzt werden. Negativ ist die chronische Unterdrückung (Übersteuerung) oder die unangemessene Intensität (Untersteuerung).
Psychotherapeutische Perspektiven sind demnach die Akzeptanz und Integration dieser vorher unterdrückten Gefühle oder die Akzeptanz und Verbesserung der Bewältigungstechniken bei einer drohenden Überflutung.

Die Bewegung zwischen dem Verschwinden und Wiederauftauchen des Energiepotentials der Gefühle beschreibt z. B. C. G. Jung (zitiert in einem Buch von Giegerich 1991, S.39–41).

Das zwölfte Jahr wurde für mich zum eigentlichen Schicksalsjahr. Einmal, im Frühsommer 1887, stand ich nach der Schule um zwölf Uhr auf dem Münsterplatz und wartete auf einen Kameraden, mit dem ich einen gemeinsamen Schulweg hatte. Plötzlich erhielt ich von einem der anderen Jungen einen Stoß, der mich umwarf. Ich fiel mit dem Kopf auf den Randstein des Trottoirs, und die Erschütterung benebelte mich. Während einer halben Stunde war ich ein bisschen benommen. Im Moment des Aufschlages durchschoss mich blitzartig der Gedanke: Jetzt musst du nicht mehr in die Schule gehen! – Ich war nur halb bewusst und blieb einige Augenblicke länger liegen, als nötig gewesen wäre – hauptsächlich aus Rachegefühl gegen meinen heimtückischen Angreifer. Dann lasen mich Leute auf und brachten mich in das nahe Haus zweier lediger alter Tanten. Von da an entwickelten sich bei mir Ohnmachtsanfälle, sobald ich wieder zur Schule hätte gehen sollen, und ebenso, wenn meine Eltern mich zur Erledigung der Schularbeiten veranlassen wollten. Mehr als ein halbes Jahr lang blieb ich der Schule fern, und das war für mich ein „gefundenes Fressen". Ich konnte frei sein, stundenlang träumen, irgendwo am Wasser oder in den Wäldern sein oder zeichnen. Ich malte wilde Kriegsszenen oder alte Burgen, die angegriffen wurden oder nieder brannten, oder ich füllte ganze Seiten mit Karikaturen. (Auch heute noch erscheinen mir gelegentlich solche Karikaturen vor dem Einschlafen: grinsende Fratzen, die sich dauernd verändern.

alice-pasqual/Unsplash.com

Schuld und Scham

- Verschiedene Stufen der Schuld und des Schuldgefühls haben die Chance zur Reparatur und Wiederherstellung der Bindung.
- Die Schuld, die auseinander reißt, ist wohl eher die Scham, die zum Verschwinden drängt.
- Der Zustand des Selbst kann nicht mehr ertragen werden, so oder ähnlich ist eine häufige Zusammenfassung.
- Beide Gefühle (Schuld und Scham) haben einen hohen Wert für das Selbst und seine Regulation.

Manchmal waren es Gesichter von Menschen, die ich kannte und die dann bald darauf starben.) Vor allem aber konnte ich ganz in die Welt des Geheimnisvollen eintauchen. Dazu gehörten Bäume, Wasser, Sumpf, Steine, Tiere und die Bibliothek meines Vaters. Alles das war wunderbar. Aber ich kam immer mehr von der Welt weg – mit einem leisen Gefühl von schlechtem Gewissen. Ich verdämmerte meine Zeit mit Herumstrolchen, Lesen, Sammeln und Spielen. Doch fühlte ich mich dabei nicht glücklicher, sondern es war mir dunkel bewusst, dass ich vor mir selber floh. ich vergaß vollständig, wie dies alles zustande gekommen war, bedauerte aber die Bekümmernisse meiner Eltern, die verschiedene Ärzte konsultierten. Die kratzten sich den Kopf und schickten mich in die Ferien zu Verwandten nach Winterthur. Dort war ein Bahnhof, der mir endloses Entzücken bereitete. Aber als ich wieder nach Hause kam, war alles wie zuvor. Ein Arzt riet auf Epilepsie. Ich wusste damals schon, was epileptische Anfälle waren, und lachte innerlich über den Unsinn. Meine Eltern dagegen waren besorgter denn zuvor. Da geschah es einmal, dass ein Freund meinen Vater besuchte. Die beiden saßen im Garten und ich in einem dichten Gebüsch hinter ihnen, denn ich war von unersättlicher Neugier. Ich hörte, wie der Besucher zu meinem Vater sagte: „Und wie geht es denn deinem Sohn?" Worauf der Vater antwortete: „Ach, das ist eine leidige Geschichte. Die Ärzte wissen nicht, was mit ihm los ist. Sie meinen, es sei Epilepsie. Es wäre schrecklich, wenn er unheilbar sein sollte. Ich habe mein bisschen Vermögen verloren, und was soll dann mit ihm geschehen, wenn er sein Leben nicht verdienen kann?" Ich war wie vom Donner gerührt. Das war der Zusammenstoß mit der Wirklichkeit. – „Aha, da muss man arbeiten", schoss es mir durch den Kopf. Von da an wurde ich zu einem ernsthaften Kind. Ich drückte mich leise davon, ging in die Studierstube meines Vaters, nahm meine lateinische Grammatik hervor und fing an, konzentriert zu büffeln. Nach zehn Minuten hatte ich meinen Ohnmachtsanfall. Ich fiel fast vom Stuhl, fühlte mich aber nach wenigen Minuten wieder besser und arbeitete weiter. „Zum Teufel nochmal, man hat keine Ohnmacht!", sagte ich mir und fuhr in meinem Vorsatz fort. Es dauerte etwa eine Viertelstunde, bis der zweite Anfall kam. Er ging vorüber wie der erste. „Und jetzt gehst du erst recht an die Arbeit!" Ich harrte aus, und nach einer weiteren halben Stunde [sic!], bis ich das Gefühl hatte, dass die Anfälle überwunden seien. Ich fühlte mich auf einmal besser als alle die Monate zuvor. Die Anfälle wiederholten sich in der Tat nicht mehr, und ich arbeitete von da an jeden Tag in meiner Grammatik und in meinen Schulheften. Nach einigen Wochen ging ich wieder zur Schule, und es kamen auch dort keine Anfälle mehr. Der ganze Zauber war weg. – Daran habe ich gelernt, was eine Neurose ist.

Nehmen wir den „ Zusammenstoß mit der Realität" als Ausgangspunkt für die „affektiven Muster mit Veränderungspotential", dann können wir – dem Beispiel Jungs folgend – interpretieren: Wird der Konflikt, die Aufgabe, die Prüfung deutlich, mobilisiert das Ich seine Kräfte, um den neuen Entwicklungsschritt zu schaffen. Dies ist allerdings nur möglich, wenn das Ich über ausreichend Potential verfügt, Intentionalität und Willen gezielt einzusetzen.

Diese Einschätzung ist nicht festgeschrieben, sondern das Selbst wird und bleibt zunehmend „geöffnet" für neue Erfahrungen und ihre Interpretationen. Hierzu habe ich eine Ergänzung einer früheren Fallgeschichte geschrieben.

7. Die Geschichte der Schaukel. Eine alte Erzählung mit einer neuen Fortsetzung

P. übernachtet in einem kleinen Hotel in Freiburg.
Frühmorgens nach dem Aufwachen, dem schnellen Frühstück, fragt P. an der Rezeption nach einem schönen Wanderweg für etwa zwei bis drei Stunden an dem wahrscheinlich sonnigen Herbsttag.
Einige hundert Meter vom Hotel entfernt beginnt der Wanderweg in den Wald. P. fühlt die Kühle und Frische und überlegt, ob er zurückgehen soll. Vielleicht noch ein kurzes Stück, sozusagen als Test, denkt P. Der Wanderweg macht einen kleinen Bogen, eine kleine Lichtung, einige erste Sonnenstrahlen und dann sieht er den kleinen Spielplatz, natürlich noch leer. Ganz am Rande, so als ob sie nicht dazugehört, die kleine Schaukel. Nein, klapprig ist sie nicht, sie ist alt und stabil, aber trotzdem, irgendwie auf dem Abstellgleis, vielleicht bei der Erneuerung vergessen oder auf den Wechsel wartend.
P. schaudert und beginnt leicht zu zittern. Seine Hand sucht die Rücklehne der nächsten Bank und er ist erleichtert, dass er sich setzen kann. Die Schaukel ist fest im Blick und es dauert Minuten bis P. sich zurücklehnen kann. Langsam löst sich das Zittern zu einem leichten Vibrieren und P. stellt erleichtert und dankbar fest, dass sein Körper sich beruhigt, ihn nicht verlassen hat und dass langsam das Denken wieder beginnt
Es ist die Schaukel, die ihn so anspricht, da gibt es keinen Zweifel, aber warum so heftig? Die Faszination der Schaukel, allein die ihn anrührende Beobachtung von schaukelnden Kindern, den ermunternden und bremsenden Eltern ist P. gut bekannt. Aber in seinen früheren Therapien hat die Schaukel wohl nie eine besondere Rolle gespielt. Oder doch? P. denkt an einen Briefwechsel vor zwei Jahren mit seinem letzten Therapeuten T. Dieser hatte ihn gefragt, ob er einen Therapiebericht der gemeinsamen Arbeit in einer Arbeitsgruppe vortragen und diskutieren dürfe. Als P. den Wunsch äußerte, diesen Bericht lesen zu dürfen, er hatte
bereits zugestimmt, hatte T. ihm diesen Bericht geschickt. Nachdem P.s Körper sich weiter entspannt und beruhigt hat, nimmt er sich vor, diesen Therapiebericht und auch seine Erinnerungen noch einmal weiter zu befragen. Dies hat er bereits häufiger mit guten Gefühlen gemacht, denn diese lange Therapie ist sehr wichtig für ihn gewesen, weil sie ihn etwas aus der Vergangenheit gelöst und an das aktuelle Leben angeschlossen hat.

Trauma und Veränderung

Einige Tage später liest P. den Bericht. Er fühlt sich in seiner Erinnerung bestätigt: Die Schaukel kommt nicht vor, aber er könnte doch trotzdem einmal wieder seinem Therapeuten T. schreiben, ihn vielleicht sogar anrufen. Er entschließt sich, ihn zu hören und mit ihm zu sprechen.

Eine weibliche, weiche und freundliche Stimme ist am Telefon. P. stellt sich kurz vor und fragt nach T. Die Stimme verändert sich, wird nachdenklich, vielleicht etwas bestürzt: Ich bin A., T. ist vor neun Monaten tödlich verunglückt, eine Kollegin und ich, wir haben seine Praxis übernommen.

A.: Kann ich etwas für Sie tun?

P.: (schweigt) ... ich weiß nicht, ich bin ganz ... ohne Gefühl ...

A.: Sie sind doch P., ich war in der Arbeitsgruppe, die über Ihre Behandlung diskutiert hat, Sie haben uns sehr beschäftigt, gerade wegen der Nachkriegskindheit, wir waren Ihnen sehr dankbar, dass Sie zugestimmt haben. Für T. war Ihr Einverständnis sehr wichtig, auch weil Sie ja hin und wieder miteinander gesprochen haben und das wohl so bleiben würde.

P.: Ja, so sollte es eigentlich sein, mir ist etwas aufgefallen, ich wollte ihn um Rat fragen, und jetzt ...

A.: Sie können überlegen, ob ich als Gesprächspartner in Frage komme, vielleicht nicht jetzt ..., ich würde mich freuen ...

P.: (ist gerührt über die Macht der Freundlichkeit) Ich würde Sie gerne anrufen, um einen Termin zu verabreden.

Das 1. Gespräch

Zu Beginn des ersten Treffens sprechen A. und P. über den Unfalltod von T. Beide sind traurig und voller Zuneigung, obwohl sie ihn aus ganz unterschiedlichen Perspektiven kannten. A. betont besonders T.s Engagement für alle psychotherapeutischen Fragen, die mit existentiellen Ängsten und Traumata zusammenhängen. So war auch die gemeinsame Arbeitsgruppe entstanden, die lange Jahre bestand, ohne zu einer dichteren persönlichen Beziehung zu führen. A. eröffnet dann den Themenwechsel.

A.: Haben Sie ein aktuelles Anliegen? Ich würde mich freuen, wenn ich darauf eingehen kann, ich kann natürlich T. nicht ersetzen, aber wir haben häufig über Themen gesprochen, die durch Ihre Therapie angeregt wurden.

P.: (ist bewegt über den freundlich-direkten Zugang von A. und ihre Fähigkeit, den Blickkontakt zu suchen, ein bisschen zu halten, gedankenverloren zu lösen und dabei weder vernachlässigend noch aufdringlich zu sein) ... Ich hätte so viel zu sagen, aber ich erzähle erst einmal, wie es zu meinem ersten Anruf jetzt gekommen ist. (P. berichtet ausführlich über sein Erleben mit der Schaukel, den Schock, das Zittern, die dann folgende langsame Erleichterung, den Erinnerungsverlust darüber, ob dieses Thema überhaupt in dem Bericht von T. aufgetaucht war.

A.: In dem Bericht nicht, aber in unseren Diskussionen ja. Sie haben mehrfach die Erinnerung an die Schaukel erwähnt, wir haben dann unsere eigenen Kindheitserinnerungen mit der Schaukel befragt und dann auch etwas in unserer Fachliteratur herumgesucht.

P.: Haben Sie etwas gefunden?

A.: Oh ja, die Schaukel ist wohl ein „Objekt", das viele Kindheitserinnerungen und frühe Gefühle aufbewahrt, wie ein Gefäß, oder überhaupt ein Behälter oder wie eine umhüllende Haut.

P.: So wie eine Landschaft, das Meer, eine Zugfahrt?

A.: Ja, aber auch noch kleinere, situative und vage erscheinende Reize. In dieser Mappe (A. zeigt auf einen unscheinbaren Umschlag) ist alles, was unsere Gruppe an Kopien über unsere Diskussionen gesammelt hat. Es ist auch ein Zitat über die Schaukel dabei.

P.: Werden Sie es mir sagen?

A.: Natürlich, aber Ihre Erfahrung ist die eigene, die haben Sie gemacht, es ist Ihr Erleben. Ich kann

Ihnen zwei Zitate von Christopher Bollas anbieten, möchten Sie lieber eine Kopie oder soll ich sie Ihnen kurz vorlesen?

P.:(lächelt etwas verlegen) ... Natürlich lieber vorlesen ...(Er sieht an A. vorbei, sein Blick kommt zurück und er bemerkt, dass A. den Blick zurückhaltend freundlich bewahrt hat. Erleichtert bestätigt er noch einmal, dass er sehr gerne zuhören würde).

A.: (liest zwei Zitate von Bollas, 1992, deutsch 2000, S.24f.)

1. *Wir alle kennen dieses Innehalten, wenn uns ein bestimmter Duft aus einem fernen Dorf unserer Kindheit anzuwehen scheint und es fast so ist, als könnten wir durch die Vergangenheit hindurch auf den Kern vergangener Selbsterfahrung zurückgreifen und sie berühren. Manchmal hören wir ein Musikstück, das in einer ganz bestimmten Phase unseres Lebens in Mode war, und auch das ruft in uns weniger eine Erinnerung wach als vielmehr einen inneren seelischen Zustand voller Bilder, Gefühle und starker körperlichen Empfindungen. Wir können uns noch so sehr bemühen, jemandem zu erzählen, was in uns vorgeht, – „Ach, dieser Duft, solche Blumen standen in unserem Garten, als ich ein Kind war!" – , es wird uns nicht gelingen, die Textur unserer inneren Erfahrung zu vermitteln.*

2. Ein Kind kann einen konservierten Selbstzustand mit ganz bestimmten Objekten verbinden, die zu seiner früheren Erfahrung gehören. Als ich etwa zwei Jahre alt war, kehrte mein Vater aus dem Zweiten Weltkrieg zurück; bald danach kam mein Bruder zur Welt, und ich wurde ungefähr ein halbes Jahr lang täglich für einige Stunden in die Kinderkrippe gebracht, solange meine Mutter meinen Bruder stillte. Obgleich sich meine Eltern vor dem Krieg sehr geliebt hatten, empfanden sie nun eine verwirrende Distanz zueinander, so dass zu Hause eine Zeitlang eine traurige Bedrücktheit herrschte. Ich bin sicher, dass ich als Teil dieser Szenerie irgend etwas davon wusste, doch ich war nicht imstande, über das, was ich wusste, nachzudenken. Ich nenne ein solches Wissen ein unreflektiertes Wissen. In meiner Krippe aber bestimmte ich ein Objekt, und zwar eine Schaukel, dazu, einige Züge dieses Selbstzustandes zu bewahren. Ich weiß eigentlich nicht, warum, aber im nachhinein stelle ich mir vor, dass gerade die Schaukel, ein Gegenstand, der so viel Freude gemacht hatte, (war die Schaukel doch ein Objekt für eine unbeschwerte Zweierbeziehung), nun, da er leer und ungenutzt blieb, den Mangel an Lust signalisierte. Vielleicht verlegte ich meine leichte Niedergeschlagenheit in dieses Objekt. Tatsache ist, dass in mir bis heute, wenn ich einen bestimmten Typus von Kinderschaukel auf einem Spielplatz sehe, etwas von der damaligen Selbsterfahrung wieder auflebt.

P.: Das verstehe ich, ich möchte diesen Gefühlen weiter nachgehen. Danke.

klara-kulikova/Unsplash.com

- Gilt die psychoanalytische Suche besonders dem „szenischen Verstehen“ (der Überschneidung von aktueller, biografischer Szene und Übertragungsabbildung)?
- Oder heißt das „Besser-Verstehen“, dass ein „größeres Bild“ erforscht werden will.
- Diese Ausrichtung verändert die Wahrnehmung zu einer Akzeptanz unterschiedlicher Perspektiven.
- Auch körperliche Wahrnehmung kann trainiert werden und Teil des Ganzen werden.
- So ergänzen sich eine Reihe von Differenzierungen (auslösendes Ereignis, Gedanken, Körper, Handlungsimpulse usf.).

Das 2. Gespräch

P.: Mir ist einiges von früher eingefallen, aber im Vordergrund steht, dass ich mit meinem Freund Rolf und seiner sechsjährigen Enkelin Ullrike auf einem Spielplatz war. Ich gehe gerne auf Spielplätze, meist mit Freunden und ihren Enkelkindern. Das hat sich jetzt auch wieder so ergeben. Es ist wirklich merkwürdig, was ich alles beobachten konnte. Eigentlich sind es wohl immer die Schaukeln, die ich sofort umkreise, während die Kinder meistens ganz woanders anfangen, sie laufen zu anderen Kindern, spielen im Sand oder balancieren.

kier-simakov/Unsplash.com

- Schau- und Zeigelust
- Ursprüngliche Triebstrebungen, die zum Menschen gehören.
- Neugierig zu sehen, zu beobachten, aufzutreten und zu inszenieren.
- Viele Konstellationen bieten eine günstige Bühne der Darstellung.
- Die Scham reagiert auf diese Strebungen und positioniert die gesellschaftlichen Steuerungen.

A.: So als ob der Anblick einer Schaukel Sie mehr in Bewegung setzt. Irgendwie symbolisiert sie ja auch ein auf und ab, vielleicht ist die Bewegung der Gefühle angesprochen, die Stimmungsschwankungen, oder Spiel und Freude überhaupt.

P.: Ja, da ist so was, ich kann es kaum abwarten, bis eins der Kinder die Schaukel ansteuert, ich bin voller Erwartung und auch etwas angespannt, dass gleich etwas Aufregendes passieren wird.

A.: Was könnte das sein, ist es die Mitfreude über das jetzt neue Spiel, der Glanz in den Augen, das Temperament der Kinder?

P.: Es ist mehr die Unterschiedlichkeit des Herangehens, wenn ein Kind nur auf der Schaukel sitzt, habe ich sofort den Impuls zu schubsen, ist das Kind mehr als so hoch (P. zeigt die Höhe) beginne ich zu bremsen oder sogar festzuhalten. Ich habe manchmal schon – voller Aufregung – die Notbremse gezogen. Die Ullrike war richtig empört, es hat einen kleinen Kampf gegeben, aber ich habe mich durchgesetzt. Mein Freund Rolf hat mich etwas bespöttelt, ich sei wohl besonders ängstlich. Das war mir aber nicht so wichtig.

A.: Sie sind zwar sehr angezogen von der Bewegung, aber sie muss in Kontrolle sein.

P.: Genau, ein Kind, das nicht schaukelt, sondern nur sitzt, das geht gar nicht, aber genauso wenig geht das riskante Schaukeln, obwohl noch nie etwas passiert ist.

A.: Sitzen Sie eigentlich auch manchmal auf der Schaukel, wie war es bei diesem Mal mit Ihren Freunden?

P.: Wenn die Kinder wieder von der Schaukel weggegangen sind, dann setze ich mich manchmal auf den Sitz (lacht), und ich drehe mich ein bisschen aus dem Stand um die eigene Achse. Nein, mehr mache ich nicht, dafür bin ich zu alt.

A.: Ja, natürlich sind Sie jetzt alt, aber die Gefühle, die Sie jetzt haben, könnten trotzdem zu Ihrer Kindheit gehören. Da hat es ganz viel Angst und Stillstand gegeben.

P.: Das war so, das hat sich auch später immer wiederholt, auch zu Beginn der Therapie, diese Phase hat T. nur ganz kurz zusammengefasst. Aber dann kamen die Erinnerungen (P. erzählt, wie sehr ihn diese Öffnung dem aktuellen Leben näher gebracht hat. Die Begegnung mit der Schaukel jetzt sei wie eine Neuauflage, ein Zusammentreffen zwischen Erschrecken und Lebensmut).

Das 3. Gespräch

P.: Vor ein paar Nächten habe ich geträumt, ich spiele als kleiner Junge mit Murmeln auf dem kleinen Weg hinter dem Haus, direkt neben den Bäumen und dem Rasen, aber die Schaukel ist nicht da.

A.: Ein symbolischer Traum oder ist sie tatsächlich erst aufgebaut worden, als Sie etwas älter waren?

P.: Bestimmt noch vor Schulbeginn. Vielleicht gab es die Schaukel erst mit vier oder fünf, aber es war keine neue Schaukel. Die Stämme waren so grau-braun, der Sitz auch dunkel, und die Kette schwer, stabil, aber alt.

A.: Vielleicht wollten die Eltern und Großeltern keine Schaukel in der Nähe ihres Trauerhauses. Erst einige Jahre nach Kriegsende und den vielen Toten konnte das Leben wieder etwas neu beginnen. Es könnte sogar sein, dass es die Schaukel Ihrer Mutter und des gefallenen Bruders war, nein – das wäre zu weit phantasiert, aber eine Schaukel hat es vielleicht irgendwann im Garten der Großeltern gegeben.

P.: Das denke ich schon, aber ein richtiger Neubeginn war es sicherlich nicht. Aber auf einmal war die Schaukel da, ich war in ihrer Nähe, aber keiner war dabei, der mich angeschoben oder gehalten hätte. Ich saß dann zwar auf der Schaukel, aber ich war ziemlich unbeweglich, entweder ganz still oder ein bisschen vor und zurück, die Füße immer in Bodennähe.

A.: Es hat nie jemand zugesehen?

P.: Nein, kann ich nicht erinnern, andere Kinder waren auch nicht da, aber das war ja klar, keiner sollte überhaupt zum Spielen kommen. Zu laut, zu lustig.

A.: Aber die Existenz der Schaukel war – so könnte es gemeint gewesen sein –das Zeichen dafür, dass es nun erlaubt war, dass Sie sich ihrer körperlich-emotionalen Erfahrung zuwenden konnten.

P.: Könnte sein, allein die Erinnerung macht mich aufgeregt, ängstlich und wütend zugleich. Ich glaube, dass ich ganz heftige Gefühle gehabt habe, als die Schaukel dann da war, sie war da, sonst niemand, ich konnte wohl nur üben, oder mich daran festhalten.

A.: Was haben Sie geübt?

P.: Das Sitzen, das Drehen, das langsame Ausholen nach hinten, nach vorne. Einmal bin ich vor Erregung fast geplatzt, vielleicht wollte ich einen Riesenschwung starten. Ich bin dann sofort geflüchtet, in den Nachbargarten gerannt, bin voller Übermut über einen kleinen Teich gesprungen und mitten im Wasser gelandet. Panisch bin ich ins Haus gelaufen, meine Großmutter hat mich getröstet, das hat sie sonst nie gemacht, oder ich habe es vergessen,

A.: Ich glaube, dieses Platzen vor Erregung hat die Lähmung, das Erstarren, das Abschalten gelöst. Dies war wohl der Beginn der Körpersprache. Es war ja auch der Körper, der sich so vehement gemeldet hat, als sie auf dem Spaziergang in Freiburg die Schaukel entdeckten. Sie haben das Vibrieren und Zittern berichtet. Die Schaukel hat das Trauma neu berührt, zum Erleben und zum Nachdenken angeboten.

P.: Wenn es wirklich so ist, dann verstehe ich etwas, dass mich das Zittern nicht nur in Panik gebracht hat. Viel schlimmer war das stille Sitzen auf der Schaukel, oder die früheren Träume, total eingeschlossen zu sein, im Kofferraum eines Autos oder unter der festgefrorenen und undurchlässigen Eisdecke.

A.: Bei ihren ganz frühen traumatischen Erfahrungen ist ein instinktives Flüchten oder Kämpfen nicht möglich gewesen, nur die totale Immobilität, das Abschalten oder Erstarren. Die Schaukel z. B. hat den Durchbruch zur Erregung und zum körperlichen Zittern geschafft, früher und heute.

Und dann konnten Sie noch Zuwendung und Trost erfahren: Diese Verbindung kann der Schlüssel für die Veränderung des Traumas sein. Für einen kurzen Augenblick wird die Erstarrung erlebt und dann die Möglichkeit, aus diesem Zustand wieder herauszukommen.

P.: Muss ich das üben, dieses kurze Erleben der Erstarrung, das instinktive Flüchten-Wollen und die gleichzeitige Vitalität und den Übermut, voll in der Aktivität aufzugehen?

A.: (lachend) Sie brauchen sich nur auf die Schaukel zu setzen, dann fühlen und erleben Sie alles, jedes Mal wird das Trauma neu verhandelt. Ich kann Ihnen – wenn Sie das wollen – ein Zitat mitgeben, das unsere Gruppe sehr beschäftigt hat. Es kommt aus Persien (Rumi 1207–1273) und wird in der Traumaforschung von Peter A. Levine (2011) zitiert.

In Erwartung des Schlimmsten schaust du hin und erblickst stattdessen das freudige Gesicht, das du so gern sehen wolltest.
Deine Hand öffnet und schließt sich und öffnet und schließt sich.
Bliebe sie zur Faust geballt oder geöffnet, wärst du gelähmt.
Immer wenn du dich verschließt und öffnest, und sei es nur ein wenig, bist du darin zutiefst präsent.
Beides ist in wunderschöner Harmonie und schwingt zusammen wie die Flügel eines Vogels.

P. und A. verabschieden sich, ohne einen festen Termin zu verabreden.

8. Zusammenfassung

Gefühle und Fotos – ein Beitrag zur Einordnung klarifizierender Überlegungen in der Psychotherapie

Gefühle spielen eine zentrale Rolle in der psychotherapeutischen Praxis. Von daher benötigen wir eine fortlaufende Differenzierung, die für das therapeutische Geschehen überzeugend und hilfreich ist. Zu den bereits bestehenden Beiträgen soll hier eine Ergänzung (mit Hilfe z. B. von Krause, Wosch, Lammers, Kraft, Baer u. Frick-Baer) vorgestellt werden, mit folgenden Schwerpunkten:

- Die Liste der primären und strukturellen Gefühle von Krause wird erweitert.
- Der positive und der negative Pol werden kontrastierend gegenübergestellt.
- Foto-Markierungen sollen darstellen, welche Varianten und Muster möglich sind.
- Einige subjektive Kommentare.

1. Psychotherapeutische Praxis – wichtige Kategorien

Ekel

Wohl das unbeliebteste Gefühl. Die Beziehung ist giftig. Die zentrale Reaktion bei malignen introjektiven Prozessen.

Gehört zu den wichtigsten Schutzimpulsen des Menschen. Die Aufgabe ist die Suche des Abstandes.

Verachtung

Die zentrale Emotion der Trias Spaltung, Projektion und Entwertung. Häufig das heimliche Gefühl der Unterdrückten (Krause weist auf die Lehranalyse hin).

Liegt manchmal nahe an der Wahrnehmung der eigenen Grenzen und der Korrektur durch ein Sich-nicht-ernst-Nehmen.

Wut – Ärger

Intentions- und Zielbehinderung durch ein Objekt, dem sich das Subjekt nicht unterlegen fühlt.

Kann die Situation klären, dass es nicht zum Kämpfen kommen muss. Voller Energie.

Trauer

Wird sie nicht wahrgenommen ist alles „ex und hopp", oder jemand bleibt im Schmerz stecken.

Wesentlicher Schritt zur Entwicklung der Selbst- und Objektkonstanz (depressive Position).

Angst

Angst verengt den Platz in der Welt und erzeugt selbst Angst, die sich einnistet.

Angst kann Lernprozesse gut steuern. Libidinöse Bindungen beruhigen Angst.

Freude

Kann viele toxische Situationen verharmlosen und fernhalten.

Das Selbst entwickelt sich zu einer Quelle der Freude. Ein zentraler Affekt des Eros und der Bindung.

Scham

Übersteuert im allgemeinen die Schuldgefühle und wird als quälender erlebt. Scham und Wut ist eine gefährliche Mischung.

Alarmanlage zum Schutz der Intimität, des Inneren, des ganz Persönlichen. Wunsch nach dem liebevollen Blick.

Schuld

Wird häufig nicht akzeptiert und verleugnet. Dadurch wird ignoriert, dass Schuldgefühle eine gute Arbeit leisten können.

Braucht das Mitgefühl, weil man sich sonst nicht schuldig fühlen kann.

Neid

Der Negativpol ist das „Zerfressen-Werden“, wodurch eine Verbindung zu den passiven Gefühlen entsteht.

Entsteht durch das Vergleichen mit anderen. Kann als Ansporn wirksam sein.

Eifersucht

Kann wie eine Sucht agieren; Ausdruck einer inneren Haltung, nicht zu genügen.

Die Beziehung und Bindung wird verteidigt, Ausdruck der Wertschätzung.

Hoffnung

Wird die Hoffnung immer weniger, steigt die Resignation.

Positive Begleiterin vieler Gefühle, auf der Suche nach besseren Perspektiven.

Enttäuschung

Ein Zusammenwirken aus verschiedenen Gefühlen – meist Angst, Trauer, Ärger, Beschämung. Bei längerer Dauer starke Verfestigungsneigung.

Erinnert an das Versäumte, muss sich deshalb immer wieder dem emotionalen Gedächtnis stellen.

Gefühllosigkeit

Dauerhaft eingerichtet wird daraus ein Gefühl der Depression.

Als Platzhalter für wieder lebendig werdende Gefühle sinnvoll, Begleiter oder Therapeuten sind häufig wichtig.

Sehnsucht

Die schlechteste Lösung ist „Das klappt ja doch nicht".

Kann ein Teil einer lebendigen Wunschwelt werden, die eben als „Wunsch" gewürdigt werden kann.

2. Die Grammatik der Gefühle

Ich fasse die „Regeln" von Baer und Frick-Baer zusammen.

1. Gefühle sind maßlos. Gefühle sind total subjektiv. Es gibt keine objektivierbare Messlatte.
2. Gefühle brauchen keinen Grund, allenfalls Anlässe. Es gibt keine eindeutig zuzuordnenden Ursachen, aber Zusammenhänge.
3. Gefühle haben mehrdimensionale Wirkungen, z. B. auf das Selbst, das Objekt, auf den Körper oder das Verhalten.
4. Gefühle verschwinden aus der Wahrnehmung und bleiben doch. Die wichtigen Ereignisse sind im emotionalen Gedächtnis und können getriggert werden.
5. Gefühle lassen sich umtauschen. Ein Gefühl, das keine Resonanz findet, wird in ein anderes Gefühl verwandelt. Ein Rücktausch kann über die Körperachtsamkeit gelingen.
6. Gefühlen wohnt das »Und« inne. Es zählt nicht das Entweder – oder sondern das Sowohl – als auch.
7. Gefühle sind oft paradox. Das Opfer kann sich schuldig und beschämt fühlen. Auch die Überlebensschuld ist ein bekanntes Thema.
8. Gefühle bilden Ketten und Landschaften. Die Gefühlskette ist eine Reihenfolge z. B. von Wut, Angst, Rückzug und Trauer. In der Landschaft stehen Gefühle nebeneinander, sie haben eine enge Verbindung miteinander, die man wie auf einem Wanderweg entdecken kann.
9. Gefühle haben Subtexte: Schattengefühle. Gefühle wie Scham, Angst oder Hilflosigkeit werden oft von anderen Gefühlen überlagert.
10. Auf Gefühlen bilden sich Schleier und Fettaugen. Scham, Angst und Resignation können sich auf andere Gefühle legen. Oder sie schwimmen wie Fettaugen auf der Suppe – immer oben.
11. Manchmal sind Gefühle delegiert. Sie werden wie eigene wahrgenommen, bleiben aber gleichzeitig fremd.
12. Gefühle unterscheiden sich in alltägliche und existenzielle. Existenzielle Gefühle haben eine hohe krisenhafte Bedeutung (z. B. wird ein kleinerer Fehler als massiver Selbstwertverlust erlebt).

3. Einige Vorschläge zur Foto-Betrachtung

- Was sehe ich spontan auf diesem Bild?
- Was entdecke ich erst bei genauerem Hinsehen?
- Auf welche Spuren möchte ich näher eingehen?
- Mit welchen Gefühlen, Phantasien, Assoziationen antworte ich?
- Was interessiert mich aktuell, wie könnte es weitergehen?
- Habe ich Lust – später – eine zweite Runde „Bildbetrachtung" anzuschließen?
- Entsteht ein Interesse, biografische Erinnerungen zu assoziieren?
- Habe ich einen Zugang gefunden? Ist dieser mehr kognitiv oder mehr emotional bewegt?

Ekel

ricardo-viana/Unsplash.com

Starke Abwendungsimpulse, dann verzögerte „Reinigungsphantasien", dann Gedanken, ob das Foto sich nach allen Seiten fortsetzt.

Verachtung

jorgen maleman/Shutterstock.com

Amüsanter erster spontaner Eindruck, dann gute Möglichkeit, sich mit allen Personen identifizieren zu können.

Wut – Ärger

ehimetalov-akhere-unuabona/Unsplash.com

Schutz und Abneigung sind deutlich, aber das Potenzial zur Offensive ist gut ausgedrückt.

Trauer

christian-erfurt/Unsplash.com

Ratlosigkeit und Energielosigkeit stehen wohl im Mittelpunkt. Es soll nichts genaues wahrgenommen und gezeigt werden.

Angst

andre-hunter/Unsplash.com

Der Negativpol der Gefühle ist krass deutlich. Er funktioniert als Schutzschild, um auf Distanz zu bleiben.

Freude

edu-lauton/Unsplash.com

Sie hat ein Streben in die Höhe und braucht die Bindung an die Horizontale. Wunsch und Konkretheit kommen zusammen.

Scham

gabriel-E-b/Unsplash.com

Nebel und Dunkelheit sind auch noch da. So wird von mir wenig zu sehen sein und das Verschwinden fällt nicht so auf.

Schuld

robert-v-ruggiero/Unsplash.com

Das Sich-Abgewertet-Fühlen ist nicht so umfassend wie bei der Scham. Manchmal gibt es einige Möglichkeiten der Reparatur.

Neid

sasha-freemind/Unsplash.com

Ich will nichts davon mitkriegen, was die anderen machen. Sie sind aktiv, haben ihre Aufgaben, ihre Anerkennung. Und was ist mit mir?

Eifersucht

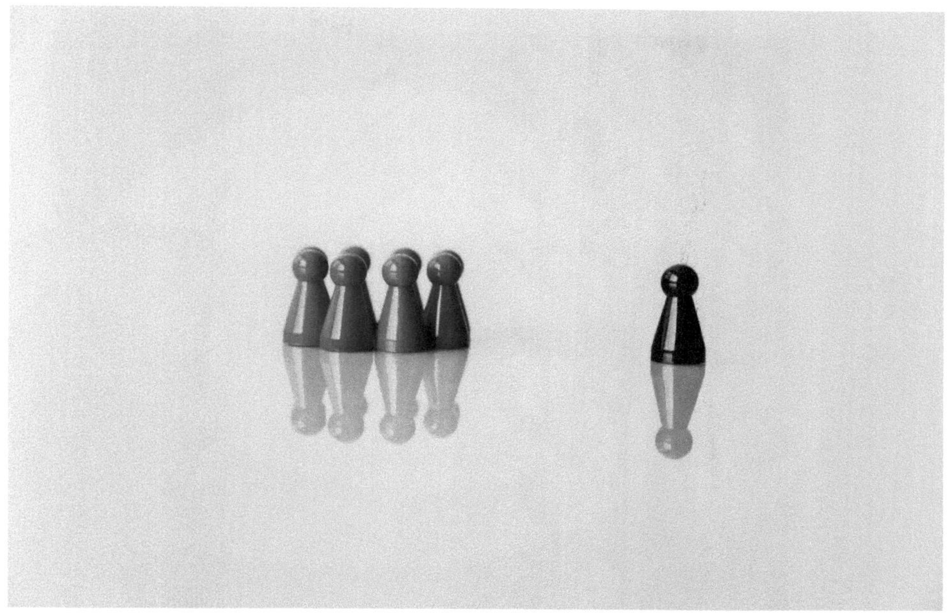

markus-spiske/Unsplash.com

Die „Konkurrenz“ löst intensive Gefühle aus. Bevor sie eine destruktive Macht gewinnen, sollte ein besserer Umgang gesucht werden.

Hoffnung

mitch-gaff/Unsplash.com

Eine sehr gute Idee. Sie erlaubt ja auch, dass die Anteile eingeschlossen sind, die man nun gar nicht mag.

Enttäuschung

ion-fet/Unsplash.com

Es geht um den Anlass der Enttäuschung und um die reaktive Mischung der Gefühle, die dadurch entsteht (z. B. Wut, Angst, Trauer, Beschämung).

Gefühllosigkeit

thomas-de-luze/Unsplash.com

Eigentlich weiß ich noch immer nicht, was dieser Auszug für mich bedeutet. Ich glaube, ich sollte noch einige Runden mehr darüber nachdenken.

Sehnsucht

nishaan-ahmed/Unsplash.com

Sehnsucht zeigt die Richtung der Veränderung. Wünsche sind schon näher an der Konkretisierung; eine Realitätsprüfung ist möglich.

Literatur

Baer U u. Frick-Baer G (2008) Das ABC der Gefühle. Beltz Verlag, Weinheim und Basel.

Barthes R (2019) Die helle Kammer, Frankfurt.

Bollas C (2000) Genese der Persönlichkeit, Stuttgart.

de Boer H u. Rippe B (2000) Zur psychoanalytischen Behandlung narzisstischer Störungen, Psychoanalytisches Institut Bremen.

Felgendreher T (2005 in Vorb.) Walter Bertelsmann – vom Bremer Kaufmann zum Worpsweder Maler, Bremen.

Giegerich W (1999) Der Jungsche Begriff der Neurose, Frankfurt.

Kraft H (2010) Kunstgenuss. Eine Analyse. In: Die Psychoanalyse im Pluralismus der Wissenschaften. Psychosozial-Verlag, Gießen.

Krause R (2002) Affekte und Gefühle aus psychoanalytischer Sicht. PiD, Thieme, Stuttgart.

Harsch HF (1994) Freuds Identifizierung mit Männern, die zwei Mütter hatten: Ödipus, Leonardo da Vinci, Michelangelo und Moses, Psyche, 124–153.

Heising G, Brieskorn M u. Rost WD (982) Sozialschicht und Gruppentherapie, Göttingen .

Lammers C-H (2019) Emotionsbezogene Psychotherapie. Grundlagen, Strategien, Techniken, Stuttgart.

Levine PA (2011) Sprache ohne Worte. Wie unser Körper Trauma verarbeitet und uns in die innere Balance zurückführt, München.

Orange DM (2004) Emotionales Verständnis und Intersubjektivität, Frankfurt.

Parin P (2004) Illusionen entkräften, NZZ, Züricher Zeitung.

Rippe B (2002) Eine Auseinandersetzung mit Germaine Guex (1950) Le Syndrome d'abandon, Paris. Psychoanalytisches Institut Bremen.

Rippe B (2005) Walter Bertelsmann in Briefen – einige Anmerkungen aus psychologischer Perspektive, unveröffentlichtes Manuskript, Bremen.

Segal H (1964) Melanie Klein: Eine Einführung in ihr Werk, München 1974

Wangh M (1989) Freud, Romain Rolland und die Religiosität, Psyche, 40–46.

Wosch T (2002) Emotionale Mikroprozesse musikalischer Interaktionen. Waxmann, Münster.

Yalom ID (1989) Existentielle Psychotherapie. Edition Humanistische Psychologie, Köln.

Yalom ID (1990) Die Liebe und ihr Henker, München.

Printed by Books on Demand GmbH, Norderstedt / Germany